Der Planet Erde
WÜSTEN

VERZAUBERTE WELTEN
LÄNDER DER ERDE
HANDBUCH DES HEIMWERKERS
KLASSISCHE REISEBERICHTE
DER PLANET ERDE
VÖLKER DER WILDNIS
DIE GESCHICHTE DER LUFTFAHRT
DIE SEEFAHRER
DER ZWEITE WELTKRIEG
DIE KUNST DES KOCHENS
DER WILDE WESTEN
HANDBUCH DER GARTENKUNDE
DIE GROSSEN STÄDTE
DIE WILDNISSE DER WELT
DIE FRÜHZEIT DES MENSCHEN
DIE PHOTOGRAPHIE
DIE WELT DER KUNST
ZEITALTER DER MENSCHHEIT
WUNDER DER WISSENSCHAFT
WUNDER DER NATUR
DAS GROSSE BUCH DES YACHTSPORTS
DAS GROSSE BUCH DER PHOTOGRAPHIE
LIFE IM KRIEG
LIFE IM KINO
DIE BESTEN PHOTOS AUS LIFE
LIFE IM WELTRAUM

Dieser Band gehört zu einer Reihe, die sich mit Naturphänomenen des Planeten Erde befaßt – von den geologischen Veränderungen seiner Kontinente bis zu den vielfältigen Erscheinungen in der Atmosphäre und in den Tiefen der Meere.

Einband
Vor einem Hintergrund von Sandsteinformationen auf dem Colorado-Plateau im Nordosten Arizonas erheben sich die lanzettförmigen Blätter einer Palmlilie oder Yucca aus dem Sand. Die Palmlilie kann in der Sonnenglut überleben, weil sie in bestimmten Zellen ihrer harten Blätter Wasser gespeichert hat.

Der Planet Erde

WÜSTEN

von Jake Page
und der Redaktion der Time-Life Bücher

Time-Life Bücher, Amsterdam

DER PLANET ERDE
Chefredakteur: Thomas A. Lewis
Stellvertretender Chefredakteur: Russel B. Adams jr.
Designer: Albert Sherman
Leiterin der Dokumentation: Patti H. Cass

Redaktion des Bandes *Wüsten*
Textredakteure: Sarah Brash, Jan Leslie Cook, Thomas H. Flaherty jr.
Bildredakteurin: Marion F. Briggs
Dokumentation: Blaine Marshall und Barbara Moir (verantwortlich), Barbara Brownell, Roxie France, Sara Mark
Assistentin des Designers: Cynthia T. Richardson
Textkoordination: Elizabeth Graham
Bildkoordination: Renée DeSandies
Redaktionsassistentin: Mary Kosak

Besondere Mitarbeiter: Champ Clark, Karen Jensen, Donna Roginski (Text)

Leitung der deutschen Redaktion:
Hans-Heinrich Wellmann
Textredaktion: Gertraud Bellon, Elvira Schneider

Fachberater für die deutsche Ausgabe:
Prof. Dr. Gero Hillmer

Aus dem Englischen übertragen von Dr. Jürgen Beneke, Walter Brumm und Dr. Peter Hühn

Korrespondenten: Elisabeth Kraemer (Bonn); Margot Hapgood, Dorothy Bacon (London); Miriam Hsia, Lucy T. Voulgaris (New York); Maria Vincenza Aloisi, Josephine du Brusle (Paris); Ann Natanson (Rom). Wertvolle Hilfe leisteten außerdem: Angelika Lemmer (Bonn); Robert Kroon (Genf); Marlin Levin, Jean Max (Jerusalem); Lesley Coleman, Millicent Trowbridge (London); Carolyn T. Chubet, Christina Lieberman (New York); Anne Wise (Rom).

Authorized German language edition
© 1985 Time-Life-Books B.V.
Original U.S. edition © 1984 Time-Life Books Inc.
All rights reserved.
First German Printing.

No part of this book may be reproduced in any form or by any electronic or mechanical means, including information storage and retrieval devices or systems, without prior written permission from the publisher, except that brief passages may be quoted for review.

ISBN 9-06-182-497-4

TIME-LIFE is a trademark of Time Incorporated U.S.A.

DER AUTOR
Jake Page ist Mitherausgeber und Leitartikler der Zeitschrift *Science '84*. Davor war er Herausgeber der Zeitschrift *Natural History* und als Wissenschaftsredakteur Mitarbeiter der Zeitschrift *Smithsonian*. Er hat zahlreiche Beiträge zu naturwissenschaftlichen und umweltpolitischen Fragen verfaßt und ist Autor des Bandes *Wälder* in dieser Reihe.

DIE BERATER
Dr. Farouk El-Baz gründete die Abteilung Erde und Planetarische Studien am National Air and Space Museum der Smithsonian Institution und leitete sie von 1973 bis 1982. Außerdem diente er zwischen 1978 und 1981 dem verstorbenen ägyptschen Präsidenten Anwar Sadat als wissenschaftlicher Berater. Dr. El-Baz ist Mitglied der Geological Society of America, der American Association for the Advancement of Science und der Royal Astronomical Society. Er hat mehr als 200 wissenschaftliche Beiträge und sechs Bücher veröffentlicht, darunter *Apollo-Soyuz Test Project: Earth Observations and Photography* und *Egypt As Seen by Landsat*.

Frederic H. Wagner ist außerordentlicher Dekan des College of Natural Resources, Direktor der Abteilung Ökologie und Professor für Fischerei und Wildtierleben an der Utah State University. Er ist durch Vorträge und Schriften über die Ökologie und Nutzung von Trockengebieten hervorgetreten und hat Reisen in die Wüsten aller Kontinente unternommen. Als Autor des Buches *Wildlife of the Desert* ist er einem breiteren Publikum bekannt geworden.

Peter L. Kresan ist seit 1981 Dozent für Physikalische und Historische Geologie an der University of Arizona. Als Naturwissenschaftler, Führer und Photograph für Museen und private Studienreisen hat er den Südwesten der Vereinigten Staaten bereist. Sein Interesse gilt unter anderem Landschaftsformen und geomorphologischen Prozessen in Wüstengebieten.

INHALT

1	**IM BANNE DER WÜSTE**	18
2	**LANDSCHAFTEN DES MANGELS**	48
3	**ÜBERLEBEN UNTER SENGENDER SONNE**	90
4	**DER KAMPF GEGEN DIE SANDMASSEN**	132

Bildteil	Eine Welt der Extreme	6
	Neuland für die Wissenschaft	40
	Die Wanderung der Trockengebiete	80
	Anpassung an eine feindliche Umwelt	120
	Üppiges Grün auf ödem Land	158

Danksagungen 170

Bibliographie 170

Quellennachweis der Abbildungen 171

Register 172

EINE WELT DER EXTREME

Im Gegensatz zu jedem anderen Gebiet der Erde werden Wüsten durch das charakterisiert, was ihnen fehlt: Wasser, fruchtbarer Boden, Vegetation und Besiedelung. Der schöne blaue Planet ist also keineswegs ein so gastlicher Ort, wie man meinen könnte. Ein volles Drittel der Erdoberfläche ist arid, d. h. trocken, und große Teile davon sind gelbbraunes Ödland. Doch damit nicht genug: Infolge des Ausbleibens von Niederschlägen, in zunehmendem Maße auch infolge menschlicher Eingriffe, wie Waldrodung, Urbarmachung ungeeigneter Böden oder Überweidung, breiten sich die Trockengebiete schätzungsweise 100 Quadratkilometer pro Tag aus.

Wüsten im weiteren Sinne sind Gebiete mit einer jährlichen Niederschlagsmenge von weniger als 250 Millimetern. In diese Kategorie fallen nicht nur die glutheißen Tafelländer der nordafrikanischen Sahara, wo es Gegenden gibt, in denen seit 20 Jahren kein Regen gefallen ist, sondern auch die Antarktis und die nebelverhangenen Küstenregionen Nordchiles und Perus.

Die Wüstenoberfläche besteht aus losem Material: Sand, Staub, Gesteinsschutt und Felsen. Echter Bodencharakter ist eine Ausnahme. (Die Sanddünen, Symbole der Wüsten schlechthin, machen nur einen Bruchteil – zwölf Prozent – der Trockengebiete aus.) Da ohne Feuchtigkeit die losen Partikel nicht zusammenhalten und keine Vegetation entstehen kann, ist das Land der Erosion durch Wind und extreme Temperaturschwankungen ausgesetzt. In dieser feindlichen Umwelt können sich nur durch lange Anpassung spezialisierte Lebensformen behaupten – Pflanzen beispielsweise, deren Samen eine 50jährige Dürre überstehen, und Nagetiere, die ihr ganzes Leben ohne eine Wasserquelle auskommen.

Viele Nationen und ihre Bewohner sind von der Ausbreitung der Wüsten betroffen. Während es vielerorts zu Hungersnöten, Landflucht und weiterer Verödung kommt, werden anderswo Anstrengungen unternommen, den Trockengebieten durch künstliche Bewässerung neue Anbauflächen abzugewinnen. Wie alle Bemühungen mit dem Ziel, die Auswirkungen weiträumig wirksamer Prozesse zu beeinflussen und eingetretene Schäden wiedergutzumachen, sind auch diese äußerst schwierig und kostspielig. Und obwohl konsequente Anstrengungen Abhilfe möglich erscheinen lassen, werden die Wüsten sich behaupten.

Vielfältig geschwungene Dünenreihen ziehen sich durch die Wüste Namib an der Küste Südwestafrikas. Stetige südliche Winde erodieren das rötliche anstehende Gestein zu Sand und bilden Dünenwälle, die Höhen bis zu 350 Meter erreichen.

Alte Felsklippen sind infolge des extremen Wüstenklimas weitgehend zu Sand und Hangschutt verwittert. Sie überragen einen von fünf Seen in dem 3000 Meter hoch

gelegenen Gebiet von Bande-e Amir im afghanischen Teil des Hindukusch. Die unterschiedliche Zusammensetzung des Gesteins gibt jedem See seine eigene Farbe.

Felsblöcke von etwa einem Meter Durchmesser sprenkeln ein Kalksteinplateau im Tibesti-Gebirge des Tschad. Der mit Sand beladene Wind formt das durch extreme

Temperatursprünge zermürbte Gestein wie ein Sandstrahlgebläse, indem er härteres Material aus der weicheren Umgebung herauspräpariert.

Im Wright Valley der Antarktis spiegelt ein See, dessen Salzgehalt ein Gefrieren verhindert, verwitterte Felswände. Obwohl die Antarktis fast ganz von einer Eisdecke

überzogen ist, sind die Niederschläge so gering, daß Wüstenbedingungen herrschen – wie in den öden Tälern, von denen Gebirgszüge die Gletscher zurückhalten.

Schnee mildert den öden Charakter des Monument Valley in Arizona, wo hohe sogenannte Zeugenberge aus Sandstein die Wüste überragen. Sie sind verwitterte Reste

von Hochebenen, die in Millionen Jahren von Wasser und Wind abgetragen wurden.

Ein erikafarbener Teppich aus Orthocarpus-Blüten belebt einen Flecken der Sonora-Wüste im Südwesten Arizonas. Die durch einen Winterregen zum Leben erwachten

Pflanzen bilden innerhalb weniger Wochen Samen aus und sterben ab, lange bevor die ausdörrende Sommerhitze beginnt.

Kapitel 1

IM BANNE DER WÜSTE

Mit Ungeduld hatte Richard Trench der Expedition in die grenzenlosen Weiten der Sahara entgegengesehen. Sorgfältig hatte der junge englische Journalist die Route festgelegt, die ihn von Chegga, einer Wüstensiedlung im nordöstlichen Mauretanien, mehr als 1500 Kilometer südwärts durch ausgedörrte, lebensfeindliche Landstriche nach Timbuktu führen sollte, der legendenumwobenen „Königin der Wüste" am Niger. Er hatte die Ausrüstung erstanden, sich mit Vorräten eingedeckt und mit einer Gruppe von Kamelnomaden Absprache getroffen, daß sie gemeinsam reisen würden. Vor allem aber hatte er die überlieferten Erfahrungen und Berichte der frühen Wüstenreisenden studiert, von denen mancher aus diesen gefährlichen Regionen nicht zurückgekehrt war.

Doch trotz sorgfältiger Planung und Lektüre war Richard Trench nicht auf das erschreckende Naturereignis vorbereitet, von dem er an diesem Nachmittag im Herbst 1974 überrascht wurde.

Er kehrte zu Fuß von einer kleinen Oase, wo die Beduinen ihre Dromedare weideten, zu seinem etwa drei Kilometer entfernten Lagerplatz in der Nähe von Chegga zurück. Eine sanfte Brise kühlte ihm das Gesicht; der Glutball der Sonne, der sonst so grell hiederschien, verbarg sich hinter gelblichem Dunst. Und dann fiel der Sandsturm unvermittelt über ihn her.

„Auf einmal frischte der Wind auf, blies in kurzen und heftigen Böen", erinnerte sich Trench. „Die Oberfläche der Wüste, die gewöhnlich so reglos war, kam in Bewegung. Mit dem Wind erhob sich der Wüstensand. Er tanzte um meine Füße. Er warf sich mir gegen die Beine, wirbelte um meinen Körper und prickelte auf meinen bloßen Armen. Damit nicht genug, packte er mich beim Hals, biß in mein Gesicht, verkrustete meine Kehle, verstopfte meine Nasenlöcher und nahm mir die Sicht. Ich fühlte mich verloren und fürchtete zu ersticken."

Vom heulenden Sturm zu Boden gerissen, lag Trench im Sand, der ihn bald zu begraben drohte. Als ihm einfiel, daß in der Nähe eine Böschung war, kroch er auf sie zu, um ein wenig Schutz zu finden. In der Dunkelheit des Sandsturms halbblind umhertastend, bemerkte er zu seiner Linken einen undeutlichen Umriß. Er arbeitete sich auf allen vieren voran und entdeckte, daß es der Kadaver eines Dromedars war: „Angewehter Sand hatte den Rumpf halb zugedeckt, die Haut hing wie Pergament von den teilweise bloßgelegten Rippen, und die Eingeweide waren zu ekelhaft gedunsenen Klumpen geschwollen."

Trench kroch auf der Suche nach der Böschung weiter. Aber bis er sie erreichte, „hatte der Sandsturm sich schon gelegt. Die Luft war noch von dichtem Staub erfüllt, aber der Boden begann wieder fest auszusehen. Mit dem Nachlassen des Windes sanken zuerst die schwereren, dann die leichteren Partikel zurück zur Oberfläche, wo sie schichtweise abgelagert wurden. Alles war sehr friedlich."

Richard Trench, der seine Reise nach Timbuktu erfolgreich beenden konnte, hatte die Wüste in einer ihrer vielen Stimmungen kennengelernt. Nach der Zeitrechnung des alterslosen Sandmeeres hatte der Sturm nur einen Augenblick gedauert. Er hatte Millionen winzige Partikel emporgewirbelt, aber das Antlitz der

In den Dünen der Wüste Thar in Nordwestindien beleuchtet der am klaren Himmel stehende Vollmond eine zeitlos anmutende Kamelkarawane. Seit dem 12. Jahrhundert haben Karawanen Wolle, Häute, Salz und andere Handelswaren durch diese Wüste transportiert. Sie reisen vorzugsweise nachts, wenn die unerträglichen Tagestemperaturen von 50° C und mehr auf etwa die Hälfte absinken.

19

Wüste war unverändert und unveränderlich geblieben. Und mit seinem jähen Ausbruch hatte er Trench eine Erfahrung beschert, die schon den frühen Entdeckern bekannt gewesen war, nicht nur denjenigen der Sahara, sondern auch denen der anderen großen Wüsten der Welt – diesen wohl geheimnisvollsten, bisweilen verlockenden, oftmals lebensfeindlichen Landstrichen der Erde.

Bis vor kurzem definierte man eine Wüste nach einfacher Daumenregel als ein Gebiet mit einer jährlichen Niederschlagsmenge von weniger als 250 Millimetern. So bequem diese Regel zur Bestimmung war, führte sie doch leicht zu irrigen Vorstellungen: Weit mehr als 250 Millimeter Niederschlag können in einem oder zwei Wolkenbrüchen von solchen Ausmaßen niedergehen, daß der Boden das Wasser nicht aufnehmen kann, das dann in reißenden Sturzfluten abfließt, den Boden erodiert und die Wüste beinahe so trocken zurückläßt wie zuvor.

Auf der Suche nach einer brauchbaren Meßmethode haben Wissenschaftler ein System entwickelt, das die Einstrahlung von Sonnenenergie in einem bestimmten Gebiet in Beziehung zu seinen Jahresniederschlägen setzt. So kann durch die Sonneneinstrahlung in der Ostsahara und der Küstenwüste Perus, den beiden trockensten Gebieten der Erde, das 200fache dessen verdunsten, was im Jahresdurchschnitt an Niederschlägen fällt. Der Index der Aridität beträgt demnach 200; beide Regionen sind als vollarid eingestuft. Am anderen Ende der Skala stehen die Great Plains, das Präriegebiet östlich der nordamerikanischen Rocky Mountains, mit einem Index zwischen eineinhalb und vier; diese Region wird als semiarid bezeichnet. Hier ist eine große Vielfalt von Lebensformen anzutreffen.

Einer der heftigen Sand- und Staubstürme, für die die Sahara berüchtigt ist, überfällt eine Karawane südlich von Tripolis. Die kolorierte Lithographie entstand nach einer Skizze, die der britische Forscher George F. Lyon im Jahre 1819 anfertigte. Lyon war einer der ersten Europäer, die in das unbekannte Innere der riesigen Wüste vorzudringen versuchten.

Die Mehrzahl der ausgedehntesten und trockensten Wüsten verteilt sich auf zwei Gürtel, die in ungefährer Übereinstimmung mit dem nördlichen und dem südlichen Wendekreis die Erde umspannen. In der nördlichen Hemisphäre erstreckt sich der Wüstengürtel entlang dem Wendekreis des Krebses von der riesigen Sahara Nordafrikas ostwärts über die Arabische Halbinsel und die zentralasiatischen Wüsten zur Gobi. Er setzt sich in den Wüsten und Halbwüsten der südwestlichen Vereinigten Staaten fort, die jedoch relativ klein und klimatisch weniger extrem sind. Der südliche Gürtel folgt dem Wendekreis des Steinbocks um die südliche Hemisphäre, deren geringere Landmassen durch gewaltige Meeresgebiete voneinander getrennt sind. Zu ihm zählen die Hochebene der südafrikanischen Kalahari, die außerordentlich trockenen Küstenwüsten Perus und Chiles und die großen australischen Wüsten und Steppen, der Australian Outback.

Die riesigen Einöden sind schon von jeher von Völkern und Stämmen besiedelt oder durchwandert worden, denen es gelang, diesen Gebieten nicht nur den eigenen Lebensunterhalt abzugewinnen, sondern auch den ihrer mageren Ziegen, Rinder oder Kamele. Im Mittelalter brachte besonders der arabische Kulturkreis eine bedeutende Zahl von großen Gelehrten hervor, die naturwissenschaftliche Studien trieben und schriftlich festhielten, was sie gesehen und gelernt hatten. Einer von ihnen war Ibn Battuta, der im 14. Jahrhundert Nord- und Ostafrika, Arabien, Kleinasien, Indien, Zentralasien, China und Sumatra bereiste und dabei schätzungsweise 120 000 Kilometer zurücklegte. Ibn Battuta durchquerte die Sahara auf demselben Karawanenweg nach Timbuktu, den Richard Trench sechs Jahrhunderte später nahm, und er wäre unterwegs beinahe verdurstet. Seine berühmten Reisebeschreibungen fesselten Leser in der ganzen islamischen Welt und in Europa.

Vom 15. Jahrhundert an waren es hauptsächlich Europäer, die zu Entdeckern wurden, zum Teil angetrieben von einem unersättlichen Drang, mehr über die Welt zu erfahren, in der sie lebten. Da Europa als einziger Kontinent keine vollariden Gebiete hat, erschienen die Berichte von riesigen entfernten Wüsten, wie Ibn Battuta und andere sie verbreiteten, um so geheimnisvoller und anziehender. Freilich waren es oft genug Interessen weltlicher und geistlicher Art, die die ersten Europäer bewogen, in die Wüstengebiete vorzudringen. Auch dort gab es Heiden, die vermutlich der Bekehrung durch christliche Missionare harrten; und es galt, Handelswege zu erkunden, die geeignet sein konnten, den kostspieligen und zeitraubenden Schiffstransport von Waren abzukürzen. Für diese frühen Reisenden war die Wüste nicht viel mehr als eine öde und unerfreuliche Gegend, die man hinter sich bringen mußte – je rascher, desto besser.

Erst im 19. Jahrhundert machten die Kaufleute, Mönche und beutelüsternen Eroberer einem anderen Menschenschlag Platz. Manche, denen Entbehrungen und Strapazen ein Beweis persönlichen Mutes waren und Gefahr eine Herausforderung bedeutete, fanden aus Abenteuerlust den Weg in die Wüste. Andere – und ihre Zahl nahm mit dem Interesse an der naturwissenschaftlichen Forschung zu – waren Gelehrte, die ihre Antworten in den Ruinen der alten, vor langer Zeit von den vordringenden Wüsten erstickten Kulturen suchten, oder Wissenschafter, die mit Hilfe ihrer Disziplinen den Geheimnissen der weiten, leeren Räume auf die Spur zu kommen hofften. Diesen Forschern und Entdeckern begannen die Wüsten allmählich ihre Geheimnisse preiszugeben.

Diese Gebiete waren keineswegs völlig kahl, wie früher geglaubt worden war. Man fand vielmehr eine erstaunliche Vielfalt von Pflanzen und Tieren, die unter den unvorstellbar harten klimatischen und geologischen Bedingungen ökologische Überlebensstrategien entwickelt hatten. Ihre faszinierende Anpassungsfähigkeit war ein Beweis für die Zähigkeit des Lebens auf der Erde und zugleich ein Hinweis auf die Vergangenheit – und vielleicht auf die Zukunft – aller Lebewesen.

Auch was die Wüstenbewohner anbetraf, hatten sich die Europäer geirrt. Sie hatten diese Menschen mit einer Mischung aus Geringschätzung und Furcht betrachtet und sie bestenfalls als primitive Wilde begriffen, die raubten und stahlen und einem Fremden aus schierer Freude am schändlichen Tun die Kehle durch-

schneiden würden. Spätere Erfahrungen und Forschungen bewiesen dagegen, daß die Bewohner der Trockengebiete reich an eigenem Brauchtum und überlieferter Kultur waren und ein hohes Maß an Unerschrockenheit und Findigkeit besaßen, daß sie für alle Menschen, die unter schweren natürlichen Lebensbedingungen existieren müssen, beispielhaft sein konnten.

Im 20. Jahrhundert mit seinen enormen Fortschritten in Wissenschaft und Technik wurden die großen Wüsten der Erde dann zu Studienobjekten der Geowissenschaften. Da fast ein Drittel der festen Erdoberfläche aus Wüste oder wüstenähnlichen Gebieten besteht, kommt der Erforschung der Naturkräfte, die zu ihrer Entstehung beigetragen haben und weiter auf sie einwirken, große Bedeutung zu, nicht zuletzt auch im Hinblick auf zukünftige Entwicklungen.

Entgegen der noch immer verbreiteten Vorstellung, daß Wüsten aus nichts weiter als sich ins Unendliche erstreckenden, sonnendurchglühten Sandmassen bestehen, sind diese Gebiete von überraschender Verschiedenartigkeit. Für manche sind tiefe Temperaturen charakteristisch, die während eines Großteils des Jahres unter dem Gefrierpunkt liegen. Zu diesen gehören die Kältewüsten Zentralasiens einschließlich der Gobi, eines rund 1,3 Millionen Quadratkilometer großen Gebiets aus Gebirgen und öden Tafelländern mit einer durchschnittlichen Meereshöhe von 1200 Metern. Im Westen der Gobi liegen einige kleinere Wüsten, an die sich das Tarim-Becken mit der Wüste Takla-Makan anschließt. Durch diese kalten und unfruchtbaren Regionen führte, die eigentlichen Kernwüsten umgehend, schon seit vorchristlicher Zeit ein Karawanenweg, die berühmte Seidenstraße, die China mit dem östlichen Mittelmeerraum verband. Auf diesem Weg gelangten dann auch die ersten europäischen Reisenden nach Zentralasien und China.

Im frühen 13. Jahrhundert jagten die mongolischen Reiterheere Dschingis-Khans durch die Gobi und die weiten Steppen Zentralasiens, um ein Weltreich zu errichten, das vom Pazifik bis Europa reichte und die Größe des Römischen Imperiums um mehr als das Doppelte übertraf. Etwa um die Mitte des Jahrhunderts kamen Papst Innozenz IV. Gerüchte zu Ohren, daß Güyük, der Enkel und Nachfolger Dschingis-Khans, bereit sei, das Christentum anzunehmen. Daraufhin erteilte der Papst dem Franziskanermönch Johann von Carpin den Auftrag, Güyük in seiner Hauptstadt in der Mongolei aufzusuchen.

Die Mission war natürlich zum Scheitern verurteilt, doch im geschichtlichen Rückblick ist es vielleicht bedeutsamer, daß Carpin als erster namentlich bekannter Europäer auf der Seidenstraße nach Osten zog und einen Teil der Gobi durchquerte. Obwohl sein 30 Seiten langer Reisebericht an den Papst die Gobi nur am Rande erwähnte, machte Johann von Carpin deutlich, daß seine Wüstenerlebnisse ihm keine Freude bereitet hatten: „Wir reisten den ganzen Winter, schliefen meistens im Schnee in der Wüste, und beim Erwachen fanden wir nicht selten, daß unsere Körper ganz mit Schnee bedeckt waren."

Nur ein Vierteljahrhundert verging, bevor eine weitere Gruppe europäischer Reisender den beschwerlichen Weg durch die frostigen Wüsten und Steppen der zentralasiatischen Hochländer nahm. Die Brüder Nicolò und Maffeo Polo waren Kaufleute aus Venedig, die Handelsverbindungen mit China und seinem mongolischen Herrscher Kublai-Khan anzuknüpfen suchten. Daß sie Nicolòs 17jährigen Sohn Marco mitnahmen, erwies sich als ein glücklicher Umstand, denn er gewann das Vertrauen des Großkhans, trat in dessen Dienste und unternahm Reisen durch ganz China, ehe er nach 24 Jahren in die Heimat zurückkehrte.

Auf dem Weg über Persien zu Kublais Hof in Kambaluk (heute Peking) überquerten die Polos den Pamir (von seinen Bewohnern das „Dach der Welt" genannt), ein arides Hochplateau, das im Innern in 3500 bis 4000 Meter hoch gelegene Becken gegliedert ist. Nach Marco Polo reisten sie zwölf Tage, ohne etwas Grünes zu sehen, „so daß die Reisenden gezwungen sind, alles mit sich zu führen, daran sie Bedarf haben. Die Gegend ist so hoch und kalt, daß man nicht einmal Vögel fliegen sieht. Und ich muß auch bemerken, daß Feuer wegen der starken

Eine durch Wasser und Wind aus einer Sandsteinwand erodierte Höhle schützt noch immer ein 80 Räume umfassendes Gebäude, das im 11. Jahrhundert von den Anasazi-Indianern errichtet wurde, einem der frühen Kulturvölker, die im semiariden Südwesten Nordamerikas Ackerbau trieben. Der Photograph Timothy O'Sullivan machte diese Aufnahme im Jahre 1873 während einer kartographischen Zwecken dienenden Militärexpedition.

Kälte nicht so hell brennt, noch so viel Hitze abgibt wie gewöhnlich, noch die Nahrung so wirksam kocht." (Eine Tatsache, die sich daraus erklärt, daß in dieser Höhe der Sauerstoffgehalt der Luft geringer ist.)

Endlich gelangten die Venezianer an den Rand der Gobi, wo selbst Marco Polos Abenteuerlust gedämpfter wurde, als er hörte, „daß es ein Jahr und mehr dauern würde, um von einem Ende dieser Wüste zum anderen zu reiten". Die Reisenden durchquerten dieses unwirtliche Gebiet, wo es am schmalsten war. Dennoch benötigten sie über 30 Tage für den 600 Kilometer langen, anstrengenden Marsch. Unterwegs zählte Marco Polo gewissenhaft 28 Wasserstellen und Brunnen entlang diesem Wüstenabschnitt der Seidenstraße. Und so zeitlos ist die Wüste, daß der aus Ungarn gebürtige britische Forscher Sir Aurel Stein, der die Gobi 600 Jahre später auf demselben Weg durchquerte, ebenfalls genau 28 Wasserstellen fand.

Gobi bedeutet auf mongolisch „Steinebene". Der größere Teil dieser Wüste besteht aus einem von Gebirgszügen umgebenen Hochplateau, von dem im Laufe von Jahrtausenden durch Winderosion feinkörniges Material abgetragen wurde. Große Teile der Gobi sind deshalb Fels- und Schuttwüste. Doch so wie sich die Wüsten voneinander unterscheiden, weisen sie auch in sich selbst sehr unterschiedliche Oberflächenformen auf. Die Gobi bildet darin keine Ausnahme – wie ein junger britischer Armeeoffizier namens Francis E. Younghusband im Laufe seiner Reisen durch Zentralasien erfahren sollte.

Angesichts der Schwierigkeiten und Entbehrungen, die vor ihm lagen, ging Younghusband erstaunlich nachlässig an die Verwirklichung seines Unternehmens. Nachdem er vorübergehend in Peking Dienst getan hatte, fand Younghusband 1886, daß es interessant sein könnte, auf dem Landweg zu seinem in Indien stationierten Regiment zurückzukehren. „Ich war nie in einer Wüste gewesen", schrieb er später, „und hier waren gute tausend Meilen davon zu durchqueren. Auch hatten wir keinerlei Informationen über die Beschaffenheit des Landes auf der anderen Seite der Gobi." Als es Frühling wurde, brach Younghusband mit einem Führer, zwei Treibern, acht Kamelen und einem Vorrat an Sherry – für den Fall, daß kein Wasser zu finden sein würde – vom Ostrand der Gobi auf.

Das Unternehmen mag leichtsinnig gewesen sein, aber Francis Younghusband war kein Narr. Er erwies sich vielmehr als ein umsichtiger, fähiger und vor allem aufmerksamer Entdeckungsreisender. Und in seinem veröffentlichten Expeditionsbericht, der bemerkenswert frei von den Übertreibungen und Ausschmückungen war, wie sie sich bei vielen anderen Abenteurern großer Beliebtheit erfreuten, schilderte er die vielen Gesichter der Gobi mit nüchterner Genauigkeit.

Wie zu erwarten war, machte die Gobi während des längsten Teils der Durchquerung ihrem Namen alle Ehre. Über weite Strecken gab es „nicht einen Strauch, nicht eine Pflanze, noch nicht einmal einen Grashalm – absolut nichts als Steine". Dies war nicht ohne Gefahren: Die in anderen Wüsten häufigen Sandstürme mochten lebensbedrohender sein, doch einmal wurde die kleine Expedition von einem Sturm überrascht, der eine solche Stärke erreichte, „daß kleine Steine hochgerissen und mit so hoher Geschwindigkeit vom Wind über die Ebene gefegt wurden, daß sie uns beträchtliche Schmerzen verursachten".

Beim Marsch zwischen parallelen Ketten kahler Hügel, die „einen höchst phantastischen Anblick boten, wie sie sich in Abständen von vielleicht 500 Metern mit scharf zerklüfteten Spitzen aus der Ebene erhoben", beobachtete Younghusband ein Zwischenstadium des natürlichen Prozesses, durch den der Verwitterungsschutt der Gobi entsteht. „Die Hügel der Gobi", schrieb er, „sind vollständig kahl, und schutzlos in einem solch extrem trockenen Klima den eiskalten Winden des Winters und der Gluthitze der sommerlichen Sonne ausgesetzt, wird das Gestein zuerst mürbe und zerfällt dann größtenteils."

Als er weiter nach Westen vordrang, stieß Younghusband auf eine völlig andersartige Topographie. Aus der Schuttebene erhob sich unvermittelt eine 60 Kilometer lange Hügelkette „aus nacktem Sand, ohne eine Spur von Vegetation irgendwelcher Art". Für Younghusband war es offensichtlich, daß die Hügel, von

Salzgewinnung im „Höllenloch der Schöpfung"

Wären nicht die brennende Hitze und der Anblick gemessen vorüberziehender Karawanen, so könnte man die öde Danakil-Senke im nordöstlichen Äthiopien für eine polare Eiswüste halten. Aber die weißen Kristalle, die die gnadenlose Sonne reflektieren und die rund 5000 Quadratkilometer große Ebene in gleißende Helligkeit tauchen, bestehen nicht aus Eis, sondern aus Salz. Die riesige Salzpfanne ist das Bett des Assalsees, der einst ein Ausläufer des Roten Meeres war. Im Laufe der Jahrtausende schlossen Vulkanausbrüche die Bucht gegen das Meer ab, und in der Hitze verdunstete das Wasser des verbliebenen Salzsees immer wieder, wodurch mächtige Salzablagerungen entstanden, die stellenweise eine Stärke von fast 5000 Metern haben.

Die gleichen hohen Temperaturen, die zur Entstehung der Salzablagerungen führten, machen das Mineral zu einem lebenswichtigen Stoff für die Wüstenbewohner. Der menschliche Körper benötigt ungefähr 200 Gramm Salz, um eine Anzahl biochemischer Prozesse, wie etwa die Weiterleitung von Reizen durch das Nervensystem, aufrechtzuerhalten. Zugleich aber müssen lebenswichtige Organe vor Überhitzung geschützt werden, und die Schweißabsonderung, die diesem Zweck dient, verursacht einen ständigen, gefährlichen Salzverlust des Körpers. Die Notwendigkeit, ihn auszugleichen, hat das Salz seit jeher zu einem begehrten Handelsartikel und die Salzgewinnung zu einem der ältesten Gewerbe der Welt gemacht.

Der Abbau der gewaltigen Salzvorkommen der Danakil-Senke geschieht noch heute in der gleichen Weise wie vor Jahrtausenden. Es ist ein ständiges Ringen mit der Unwirtlichkeit eines Landes, das seinen Beinamen „Höllenloch der Schöpfung" verdient hat. Angehörige einheimischer Stämme brechen mit Stangen große Salzplatten aus dem Becken des Sees, die sie dann zu kleinen ziegelartigen Stücken zuschneiden und glätten. Diese werden an Händler verkauft, deren Karawanen das ganze Jahr hindurch kommen und gehen.

Die Karawanen ziehen mit ihrer wertvollen Last 120 Kilometer weit durch die Salzwüste nach Makale, wo aus ganz Nordostafrika die Händler zusammenströmen, um Salz und andere Waren zu kaufen.

Eine Karawane aus dem äthiopischen Hochland zieht über den gleißenden Assalsee, um den Danakil Salz abzukaufen.

Salzarbeiter der Danakil brechen große Salzplatten aus dem trockenen Becken des Assalsees. Sie arbeiten bei Temperaturen, die häufig 50°C übersteigen.

Eine beladene Karawane zieht durch eine Luftspiegelung zum Salzmarkt nach Makale in den Ausläufern des äthiopischen Berglandes. Bis das Salz die Verbraucher im

Geduldig warten die Tragtiere, während Arbeiter die Salzplatten für den Verkauf zu handlicheren Stücken schneiden und glätten.

Landesinneren erreicht, bringt es bis zum 30fachen des Preises, den die Händler der Karawane bezahlt haben.

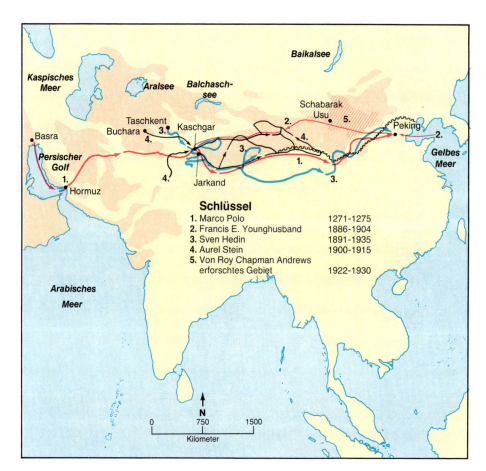

Angeregt von Marco Polos Reisen im 13. Jahrhundert, lockte es seit dem ausgehenden 19. Jahrhundert Forscher wie Sven Hedin und Roy Chapman Andrews in die zentralasiatischen Wüsten. Die Karte links veranschaulicht ihre Reisewege.

denen einige fast 300 Meter hoch waren, aus angewehtem Sand bestanden. Er fühlte sich in seiner Ansicht bestärkt, als er erfuhr, daß weiter westlich eine riesige Sandwüste liege, wo nach einer mongolischen Legende eine Tatarenarmee, die sich gesammelt hatte, um in China einzufallen, unter den Sandmassen eines tagelang tobenden Sandsturms vollständig begraben wurde.

Immer weiter zogen Younghusband und seine Gefährten – „bloße Pünktchen in dieser ungeheuren verlassenen Weite" –, und dann gerieten sie unversehens in Gefahr: Sie drohten mitten in einem Morast steckenzubleiben. Eines späten Abends um elf Uhr – sie waren noch auf dem Marsch – kamen sie in eine Gegend, in der „tagsüber schwere Regenfälle niedergegangen waren; der Erdboden war ein sehr schmieriger Ton, das Gelände uneben und bedeckt mit buckelartigen kleinen Erhebungen". Auf einmal begannen die Kamele umherzutappen und einzusinken, und Younghusband sah im Licht einer Laterne, daß sich die Tiere „auf mehrere der niedrigen Erdbuckel gerettet hatten, voneinander getrennt durch Wasserlachen und aufgeweichten Ton". Von diesen winzigen Inseln wollten die Tiere nicht weichen. Younghusband und seine Gefährten zerrten an den Nasenstricken der Kamele, „bis ich dachte, ihre Nüstern würden einreißen". Die Kamele blieben, wo sie waren. Die Treiber schlugen sie, aber sie waren weiterhin störrisch. Zuletzt gelang es den Reisenden mit vereinten, durch die Verzweiflung gestärkten Kräften, die Kamele einzeln herunterzuziehen, und zwar rückwärts. „Dies hatte den erwünschten Effekt", erinnerte sich Younghusband später. „Sie waren in Bewegung, und einmal in Bewegung, gingen sie weiter."

Anfang Juli sah Francis Younghusband in der Ferne zwei Pappeln, die sich aus der Wüstenebene erhoben. Am nächsten Tag erreichte er die Stadt Hami am Westrand der Gobi. Er hatte in 70 Tagen rund 2000 Kilometer zurückgelegt, und über die Hälfte der Reise lag noch vor ihm. Nachdem er sich vier Tage ausgeruht hatte, setzte er den Marsch nach Westen fort und folgte der alten Seidenstraße 1400

Das Porträt des schwedischen Forschers Sven Hedin in Winterausrüstung vermittelt einen Eindruck von seiner Entschlossenheit, die während seiner Abenteuer in der sengenden Hitze und bitteren Kälte der innerasiatischen Hochlandwüsten auf eine harte Probe gestellt wurde. 1895 war er gezwungen, zwei sterbende Trampeltiere zurückzulassen. Später fertigte Hedin, der auch als Zeichner Bedeutendes leistete, ein Bild von dieser Szene an, auf dem eines der Tiere der weiterziehenden Karawane „einen wehmütigen, vorwurfsvollen Blick nachsendet".

Kilometer weit durch die Randgebiete der abschreckenden Wüste Takla-Makan, bevor er sich südwärts zum Karakorum und nach Indien wandte.

Dem talentierten Amateur Younghusband folgten bald andere Entdecker, doch nun waren es Wissenschaftler verschiedener Disziplinen, die abseits der bekannten Routen systematische Forschungsarbeit leisteten. Einer von ihnen war Sven Hedin, ein schwedischer Geograph, der von 1891 an mehr als 40 Jahre seines Lebens der Vermessung und Kartierung Zentralasiens widmete. Als er mit 71 Jahren seine letzte Expedition beendet hatte, waren die weißen Flecken (die als Terra incognita bezeichneten Gebiete) von den Landkarten der Region getilgt. Ein anderer war Sir Aurel Stein, ein Archäologe, der sich mehr als ein Vierteljahrhundert mit der Ausgrabung vergessener Ruinenstädte befaßte. Diese Zeugen versunkener Kulturen standen seit Jahrhunderten verlassen in den zentralasiatischen Wüsten.

Einen der Höhepunkte seiner wissenschaftlichen Laufbahn erlebte Stein eines Tages im Jahre 1907 nahe der Stadt Jiayuguan, als er in der Ferne die Ruinen eines Wachtturmes ausmachte, „dessen Reste aus massivem Ziegelmauerwerk sich mit einer Seitenlänge von rund fünf Metern bis zu einer Höhe von etwa sieben Metern erhoben". Es war der westlichste Eckpfeiler der chinesischen Großen Mauer: Das vor fast 2000 Jahren errichtete Bauwerk war in diesem Teil seit Jahrhunderten dem durch Wind, Sand und Zeit bewirkten Verfall preisgegeben.

Anders als die Hochlandwüsten Zentralasiens liegt die riesige Sahara Nordafrikas überwiegend nur 200 bis 500 Meter hoch; ihre große Kattara-Senke befindet sich an ihrem tiefsten Punkt 140 Meter unter dem Meeresspiegel. Die unterschiedliche Meereshöhe ist jedoch nur zum Teil für die dramatische Verschiedenheit der Klimata verantwortlich: Während die Gobi in der gemäßigten Zone liegt und eine Kältewüste ist, handelt es sich bei der am Wendekreis liegenden Sahara um eine Heißwüste mit hohen Tages- und wesentlich niedrigeren Nachttemperaturen. Die Wüstenoberfläche reflektiert nämlich weitgehend die Sonnenstrahlung, statt sie zu absorbieren und die Wärme zu halten, und so kommen tageszeitliche Temperaturschwankungen von bis zu 50° C zustande.

Der Name Sahara – das arabische Wort für „Wüste", das auf ein Adjektiv mit der Bedeutung „gelb, rötlich" zurückgeht – ist zu einer Sammelbezeichnung für mehrere Wüsten geworden, die den größten Teil des nördlichen Drittels von Afrika einnehmen. Die Sahara mißt von Westen nach Osten rund 5000 Kilometer und von Norden nach Süden 1500 Kilometer – das entspricht etwa der Fläche der Vereinigten Staaten. In dem rund acht Millionen Quadratkilometer großen Gebiet mit seiner mörderischen Hitze und den beinahe ständig wehenden Winden gibt es, mit Ausnahme des Niltales, nicht mehr als 2000 Quadratkilometer Oasen – also fruchtbares Land, wo zutage tretendes Grundwasser Bewässerungsfeldbau ermög-

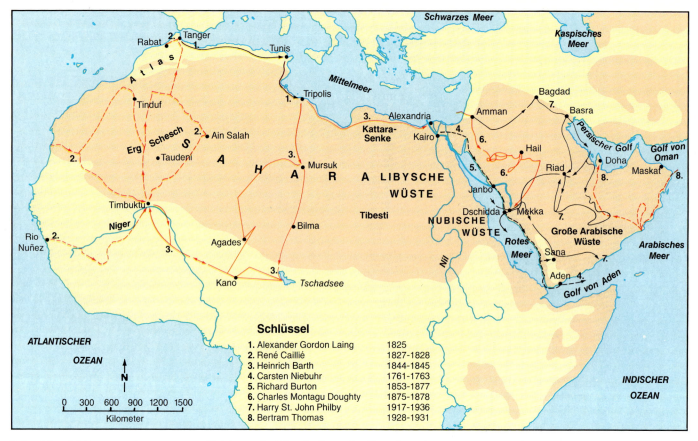

Die 8000 Kilometer Wüste zwischen dem Atlantischen Ozean und dem Arabischen Meer werden durchkreuzt von den Reiserouten der Entdecker des 19. und 20. Jahrhunderts. Mehrere von ihnen bezahlten die Expeditionen mit ihrem Leben.

licht. Nur 20 Prozent des gesamten Gebietes sind Sandwüste; der Rest besteht aus Schutt- und Felswüste sowie Salztonebenen. Im zentralen Bereich erheben sich mehrere Gebirgsmassive. Insgesamt ist die Sahara so unwirtlich, daß weniger als zwei Millionen Menschen in ihr leben; von ihnen sind etwa 60 Prozent seßhafte Oasenbauern, die übrigen Nomaden oder Halbnomaden.

Die alten Handelswege für afrikanisches Gold und orientalische Gewürze wurden von moslemischen Herrschern, Kaufleuten und Karawanenführern kontrolliert, die Anteile an den Gewinnen verlangten. Deshalb war der Vorstoß in die Sahara für jene europäischen Kaufleute verlockend, die das Transportmonopol zu durchbrechen suchten. Sie wurden jedoch von einem mächtigen arabischen Reich, das jahrhundertelang Nordafrika beherrschte, erfolgreich abgewehrt, und erst im 19. Jahrhundert, als die islamische Welt eine Epoche des Niedergangs erlebte, gelang es Europäern, in das Innere der Sahara vorzudringen.

Auch dann begegnete man ihnen noch voller Feindseligkeit. Im Jahre 1825 reiste der schottische Hauptmann Alexander Gordon Laing im Auftrag der britischen Regierung von Tripolis südwärts zur sagenhaften Stadt Timbuktu und erreichte sein Ziel, wurde jedoch dort von seinem Führer erdrosselt. Zwei Jahre später nahm ein junger Franzose namens René Caillié, „verzaubert von der Landkarte Afrikas, auf der ich nichts als leere Flächen sehen konnte", unglaubliche Entbehrungen auf sich, um nach Timbuktu zu gelangen. Einmal fand die Karawane, der er sich angeschlossen hatte, acht Tage kein Wasser. Und dann erwartete ihn eine große Enttäuschung. Ohne daß die Europäer davon wußten, war Timbuktu, der berühmte wirtschaftliche und kulturelle Mittelpunkt Westafrikas, seit seiner Eroberung durch Marokkaner und Tuaregs Ende des 16. Jahrhunderts allmählich verarmt und zur Bedeutungslosigkeit herabgesunken. Die sogenannte „Königin der Wüste", schrieb Caillié, „bestand aus nichts als schlecht gebauten Lehmhäusern im gelblich-weißen Treibsand. Die Straßen waren einförmig und melancholisch wie die Wüste. Keine Vögel konnte man von den Dächern singen hören."

Caillié mußte seine Aufrichtigkeit teuer bezahlen. Obwohl er als Held gefeiert wurde, als er endlich nach Frankreich zurückkehrte, setzte bald die Reaktion auf seine düstere Beschreibung des Kleinods der Sahara ein: Illusionen sind zählebig, und Gerüchte gingen um – und wurden geglaubt –, daß Caillié ein Schwindler sei, der seine ganze Geschichte erfunden habe. Verbittert und enttäuscht, zog Caillié sich von der Öffentlichkeit zurück und starb nur zehn Jahre nach seiner Rückkehr aus Afrika im Alter von 39 Jahren.

Aber bald nach der Jahrhundertmitte wurde Cailliés Beschreibung von Timbuktu durch einen weiteren Europäer bestätigt, der die Stadt besucht hatte und erklärte, Caillié sei „einer der verläßlichsten Erforscher Afrikas" gewesen. Das war ein hohes Lob, kam es doch aus dem Munde von Heinrich Barth, dem bedeutendsten europäischen Erforscher der Sahara.

Als Sohn eines wohlhabenden Hamburger Kaufmanns, der wenig Zeit für den Knaben hatte, war Barth schon in seinen Kinderjahren ein Einzelgänger. Zum jungen Mann herangewachsen, machte er sich wegen seiner Arroganz und Pedanterie unbeliebt. Doch in der Sahara, wo er seine einzige Erfüllung fand, verwandelten sich diese wenig liebenswerten Eigenschaften in Selbstvertrauen, Mut und Hingabe an die Details, die in der Wüste über Tod und Leben entscheiden können.

Barth fand in seiner Heimat wenig Beachtung, obwohl er von der Berliner Universität zum Doktor der Philosophie promoviert worden war. So griff er sofort zu, als ihm 1849 Gelegenheit geboten wurde, sich der britischen Sudanexpedition anzuschließen, die den arabischen Sklavenhandel unterdrücken und britische Handelsinteressen fördern sollte. Die Expedition brach von Tripolis südwärts in die Sahara auf, durchquerte sie und erkundete in jahrelangen Zügen ihre südlichen Randgebiete. Während dieser Zeit fielen die beiden europäischen Gefährten Heinrich Barths den Härten und Entbehrungen des Lebens in der Wüste zum Opfer. Barth aber fühlte sich wohl. „Statt über den Tod meiner Freunde Niedergeschlagenheit zu empfinden", schrieb er später, „fühlte ich, daß meine Kräfte sich verdoppelt hatten. In mir war die Stärke eines Riesen!"

Er war ein typischer Einzelgänger, der sich immer wieder von seiner Karawane trennte, um zu erforschen, was sein Interesse auf sich zog. Im Gegensatz zu vielen anderen Wüstenreisenden, die es vorzogen, tagsüber zu ruhen und in der Kühle der

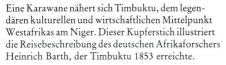

Eine Karawane nähert sich Timbuktu, dem legendären kulturellen und wirtschaftlichen Mittelpunkt Westafrikas am Niger. Dieser Kupferstich illustriert die Reisebeschreibung des deutschen Afrikaforschers Heinrich Barth, der Timbuktu 1853 erreichte.

Nacht zu reisen, war Barth bereit, die sengende Sonne zu ertragen, um seine genauen Beobachtungen fortzusetzen.

Und genau waren sie. Ob es sich nun um die Länge einer lateinischen Inschrift auf den Ruinen einer Wüstenstadt handelte oder um die Tiefe eines Brunnens, Barth machte zentimeter- oder gar millimetergenaue Angaben; selbst die Wassertemperatur des Brunnens wurde exakt gemessen. Ganz in der Art eines Seefahrers, der ein Log auswirft, um auf See die Geschwindigkeit seines Schiffes zu bestimmen, verwendete Barth eine Kette, um seine Marschgeschwindigkeit durch die Wüste zu berechnen. Er legte im Durchschnitt 3,2 Kilometer pro Stunde zurück. Als die Vorräte verbraucht und die Lasten der Tragtiere geringer geworden waren, betrug seine Geschwindigkeit sogar vier Kilometer pro Stunde.

Barth zeigte wenig Neigung, die Großartigkeit der Wüstenszenerie zu bewundern, doch verzeichnete er in seiner Leidenschaft für genaue Beschreibungen sorgfältig alle Tiere und Pflanzen, die er sah. Unter diesen waren durch ihren unaufhörlichen Überlebenskampf verkrüppelte Bäume und Sträucher, wie Sidr, Ethel und Ghurdok, eine giftige Agamenart namens Bu-keshash und kleine grüne Vögel, Asfir genannt, die den Dromedaren Ungeziefer von den Füßen pickten.

Sechs Jahre lang durchzog Heinrich Barth die Wüste. Schließlich wurde er aufgegeben, für tot erklärt, und sein Nachruf wurde veröffentlicht. Doch im August 1855 kehrte Barth heil und gesund in die Zivilisation zurück, versehen mit einer großen Zahl wertvoller Notizen und Skizzen, die den Grundstock zu seinem ausführlichen Reisebericht bildeten, einem fünfbändigen Meisterwerk von unerhörter Materialfülle. In Deutschland aber war er bald wieder der alte: distanziert, arrogant, pedantisch – und so unbeliebt, daß ihm 1857 trotz seiner hervorragenden Leistungen die Mitgliedschaft in der Preußischen Akademie der Wissenschaften vorenthalten wurde. Im Jahre 1863 wurde er dann Universitätsprofessor und Präsident der Gesellschaft für Erdkunde zu Berlin.

Von der Sahara durch das tektonische Grabental des Roten Meeres getrennt, erstreckt sich nach Osten die 2500 Kilometer lange Arabische Halbinsel. Sie besitzt die größte reine Sandwüste der Erde, ein 2,3 Millionen Quadratkilometer großes Dünenmeer, dessen Kämme sich in endloser Folge am Horizont verlieren. Den nördlichen Teil der Halbinsel und die Küstengebiete am Roten Meer haben arabische Handelskarawanen und Pilgerzüge nach Mekka von alters her durchzogen. Auch hierher gelangten die ersten europäischen Entdecker seit dem Ende des 18. Jahrhunderts. Sie folgten, wie Carsten Niebuhr und Sir Richard Burton, der Küste des Roten Meeres südwärts bis Mekka, in manchen Fällen als Araber verkleidet, um das Aufenthaltsverbot für Ungläubige im Bereich der heiligen Stadt des Islam zu umgehen. Später drangen Charles Montagu Doughty und, in unserem Jahrhundert, T. E. Lawrence und andere tief ins Landesinnere vor.

Im Süden der Halbinsel lag jedoch eine riesige Sandwüste, die durch ihr vollarides Klima und das fast völlige Fehlen von Oasen besonders unzugänglich war und sich selbst den wagemutigsten Europäern verschloß. Sogar Lawrence von Arabien hatte behauptet, daß sie nur vom Flugzeug aus aufgenommen und beschrieben werden könne. Sie trug den Namen Rub al-Khali – das „Leere Viertel" –, und mit Ausnahme einer Handvoll nomadischer Stämme, die einander ständig um den Besitz der wenigen Wasserstellen in den Randgebieten befehdeten, mieden selbst die arabischen Beduinen das abschreckende Sandmeer.

Hier war es ein britischer Beamter namens Bertram Thomas, der sich den Gefahren der Wüste aussetzte. Thomas gehörte zu den zahlreichen Engländern, die während des Ersten Weltkriegs nach Arabien gingen, als die Region zwischen Großbritannien und dem Osmanischen Reich umkämpft war. Anders als die meisten seiner Landsleute blieb Thomas nach dem Krieg im Lande und diente dem Sultan von Oman als Berater. Sein Interesse galt jedoch nicht ausschließlich Staatsangelegenheiten. „In Arabien arbeiten", schrieb er, „heißt vom verführerischen Reiz des Landes kosten." Und am meisten lockte ihn das Leere Viertel.

Bertram Thomas ließ sich in Beduinenkleidung porträtieren, nachdem er 1930 als erster Europäer die Rub al-Khali (das Leere Viertel) im Süden Arabiens durchquert hatte. Thomas fand, daß seine arabischen Reisegefährten großzügig waren und immer bereit, Schwächere zu beschützen – was er der „harten Schule" des Wüstenlebens zuschrieb.

Im Dezember 1930 brach er zur Durchquerung der Rub al-Khali auf. Am Rand der riesigen Sandwüste angelangt, erblickte Thomas „einen unermeßlichen Ozean von Dünen, hier zu drohenden Steilhängen aufgetürmt, dort zu flachen Talmulden absinkend, angenehm für die Dromedare, wenn auch ohne jedes Grün weit und breit. Dünen aller Größen, in verschiedenen Richtungen verlaufend, aber alle sanft gerundet wie eine Mädchenbrust, erheben sich in unabsehbar gestaffelten Reihen wie ein gewaltiges Gebirgssystem."

Unterwegs wurde Thomas eines Nachmittags von einem „lauten melodischen Dröhnen" überrascht, das von einer nicht weit entfernten, 30 Meter hohen Sandrippe ausging. Er hatte gehört, daß der Wind im Wüstensand bisweilen ein singendes Geräusch hervorbringt, aber dies glich eher „der Sirene eines mittelgroßen Dampfers". Thomas hielt Ausschau nach einer „trichterförmigen Schlucht in der Sandrippe, in der durch die Einwirkung des Windes ein so mächtiges Geräusch hätte entstehen können". Aber er suchte vergebens; es gab in der Nachbarschaft keine entsprechende Oberflächenform, und der Wind war nur eine sanfte Brise von Norden. Das Phänomen blieb unerklärt.

Thomas und seine Begleiter, die jeden Tag neun oder zehn Stunden auf dem Marsch waren, legten Ruhepausen nur zum Schlafen oder an den wenigen Stellen ein, wo struppiges Gesträuch den Trageteieren notdürftige Weide bot. Sie passierten eine Gegend, in der rosafarbener Sand vorherrschte, und kamen dann in eine Region mit feinem, weißem Sand. Es war „eine trostlose Einöde, eine unfruchtbare Leere und ein Ort des Todes für jeden, der sich länger hier aufhielt".

Wie er die Sandwüste in ihrer herben Größe und ihrer Vielfalt an Farben und Formen allmählich lieben lernte, so lernte er sie auch fürchten. Einmal gelangte die Expedition zu einer feinsandigen weißen Fläche, die Thomas zuerst für eine Salztonebene hielt. Sie bestand aber aus tiefem pulverigem Treibsand, der die gesamte Länge eines sechs Faden langen Bleilots verschluckte. Thomas machte auch die Erfahrung, daß der Sand selbst an den wenigen Zufluchtsorten der Wüste eine immerwährende Gefahr darstellte. Als sie an einem Brunnen hielten, erzählte ihm ein einheimischer Führer, daß vier seiner Brüder auf dem Grund des Brunnenschachtes lägen. Zwei seien hinabgestiegen, um ihn auszuräumen, und bei der Arbeit von nachrutschendem Sand verschüttet worden. Die beiden anderen hätten bei dem Versuch, ihre Brüder zu retten, gleichfalls den Tod gefunden. „Dieser Brunnen ist ein Grab. Wir haben ihn aufgegeben."

Nach fast zwei Monaten erreichte Thomas endlich die Stadt Doha auf der am Persischen Golf gelegenen Halbinsel Qatar. Er hatte fast 1000 Kilometer zurückgelegt und war der erste Europäer, der die Rub al-Khali durchquert hatte. Seine Großtat wurde 1932 von Harry St. John Philby und 1947 von Wilfred Thesiger wiederholt; dennoch bleibt das Leere Viertel, die Große Arabische Sandwüste, aus gutem Grund eine der einsamsten Regionen der Erde.

Seit die großen Wüstenlandschaften der Erde ins Blickfeld der abendländischen Öffentlichkeit traten, hat es aus den verschiedensten Gründen immer wieder Männer in die lebensfeindlichen Einöden gezogen. Auf ihren Wanderungen setzten sie ihre Standhaftigkeit, ihren Einfallsreichtum, ihren Mut und sogar ihr Leben gegen natürliche Bedingungen, die zu den härtesten auf Erden gehören. Nirgendwo ist dieser Kampf erbitterter, mit größeren Opfern an Menschenleben und letzten Endes mit überzeugenderem Erfolg geführt worden als auf dem in der südlichen Hemisphäre gelegenen kleinsten Kontinent.

„Kein Land bietet den ersten Ansiedlern weniger natürliche Hilfen", schrieb Kapitän Arthur Phillip von der Royal Navy, lange nachdem er die Küsten Australiens zum ersten Mal erblickt hatte. Phillip war 1788 mit unerfreulichem Auftrag nach Australien gekommen: Er hatte eine Strafkolonie zu errichten. Mit dem Verlust seiner nordamerikanischen Kolonien hatte England die Gebiete verloren, in die es bis dahin die Verurteilten aus seinen überfüllten Gefängnissen hatte deportieren können. Als Ersatz schien kein Ort geeigneter als der abgelegene

Durch die Anwendung einer altehrwürdigen, als „Schnupfen" bekannten Behandlung befreien zwei Araber ihr widerspenstiges Dromedar von einem bösen Geist. Bei dieser Prozedur werden dem Tier Speichel und Wasser in die Nüstern gegossen. Harry St. John Philby, der diese Aufnahme 1932 während einer Forschungsreise durch Zentralarabien machte, bemerkte dazu, es sei ihm nicht gelungen, die „vorausgegangenen Symptome zu erkennen, aber meine Gefährten schienen überzeugt, daß der böse Geist wunschgemäß aus dem Tier gefahren sei".

und menschenleere Kontinent, auf den Kapitän James Cook erst 18 Jahre zuvor für Großbritannien Anspruch erhoben hatte.

Als Standort der Strafkolonie hatte man Port Jackson – das heutige Sydney – an Australiens Südostküste ausgewählt. Wie es im Fall solcher Gründungen allgemein üblich war, folgten den verbannten Sträflingen bald Händler, diesen wiederum landsuchende Farmer, und so entstanden weitere Ansiedlungen, deren Bevölkerungszahl zunahm, bis der Küstenstreifen die Einwohner nicht mehr ernähren konnte. Die Regierung bot den Siedlern große Landstriche im Innern des Kontinents an, doch war der Weg dorthin durch den Gebirgswall der Great Dividing Range versperrt, die im Osten und Südosten in etwa 50 bis 500 Kilometern Entfernung dem Verlauf der Küste folgt.

Immer wieder versuchten Siedler, die Gebirgsbarriere zu überwinden. Immer wieder scheiterten sie, und erst 1813 gelangte ein Landvermesser namens George William Evans in die Ebenen, die jenseits des Gebirges lagen. Während der langen und mühseligen Versuche, das Gebirge zu überwinden, hatte man eine bemerkenswerte Tatsache festgestellt: Die größeren Gebirgsflüsse strömten nicht ostwärts zur Küste, sondern nach Westen ins Landesinnere.

Auf die einleuchtende Vermutung, daß die Flüsse in irgend etwas münden müßten, gründete sich eine verheißungsvolle Theorie: Irgendwo weit landeinwärts mußte ein riesiger See existieren, Mittelpunkt einer weit fruchtbareren Region als all jener, welche die Siedler bisher angetroffen hatten.

Diese Erwartung sollte die Erforschung Australiens für die nächsten 50 Jahre beherrschen. Eine Expedition nach der anderen brach hoffnungsvoll nach Westen auf; eine nach der anderen scheiterte. Flüsse verloren sich in Sümpfen und verschwanden; sie waren in der Sonnenglut verdunstet. Das Land wurde immer trockener, öder und unfruchtbarer. Dennoch drangen die Siedler mit den Jahren immer weiter vor. Der Traum vom Inlandsee löste sich allmählich auf. Der Erforschung des Australian Outback – wie das Innere des Kontinents inzwischen genannt wurde – war mittlerweile zum Selbstzweck geworden.

Eine 1932 entstandene Aufnahme Philbys zeigt Araber beim Entfernen der Stangen und Tierhäute, mit denen frühere Besucher einen Wüstenbrunnen gegen Flugsand geschützt hatten. Da sich das Brunnenwasser als besonders süß erwies, entnahm der Forscher eine Probe und ließ sie später analysieren: Das Ergebnis zeigte, daß das Wasser Kamelurin enthielt.

Schließlich gelang es den Entdeckern, nicht nur ins Herz des Outback vorzudringen, sondern den Kontinent vom Süden nach Norden zu durchqueren. Diese Tat vollbrachten 1861 Robert O'Hara Burke und William John Wills, und 1862 folgte John McDouall Stuart. Zehn Jahre später brach der 60jährige Peter Warburton von Alice Springs in der Mitte des Kontinents mit einer Dromedarkarawane nach Westen auf. Zehn Monate später gelangte er an die Küste des Indischen Ozeans rund 1500 Kilometer nördlich von Perth, seinem eigentlichen Ziel.

Was die Entdecker fanden, waren endlose Quadratkilometer unfruchtbares Land, das über einen langen Zeitraum hinweg – in Australien ist kontinentale Kruste sehr hohen Alters erhalten geblieben – durch klimatischen Einfluß abgetragen worden war. Sie sahen weite Ebenen aus hartgebackenem Lehm, salzhaltigen Ablagerungen oder quarzreichem Gestein, das Inferno der Simpson- und Gibson-Wüste und eine Geisterwelt, in der die gnadenlose Sonne verkrüppelte Eukalyptusbäume und Büschel von Spinifexgras ausbleichte.

Für ihre Leistungen zahlten die australischen Entdecker einen hohen Preis. Im Jahre 1831 kehrte Thomas Livingstone Mitchell aus dem Landesinneren zurück, nachdem zwei Expeditionsmitglieder von den Aborigines, den Ureinwohnern, getötet worden waren, und 1840 wurde John Baxter gleichfalls von Ureinwohnern ermordet. 1847 führte Edmund Kennedy eine 13 Mann starke Expedition, von der nur drei überlebten. Die anderen, darunter Kennedy selbst, starben entweder an Krankheiten oder als Opfer von Aborigines. Im Jahre 1848 brach Friedrich Wilhelm Ludwig Leichhardt, ein erfahrener Australienforscher, mit sechs anderen zu einer Ost-West-Durchquerung des Kontinents auf: Sie blieben für immer verschollen. Und 1861 gingen Burke und Wills auf der Rückreise von ihrer erfolgreichen Süd-Nord-Durchquerung an Durst und Hunger zugrunde.

Nirgendwo auf der Erde haben die Trockengebiete höhere Anforderungen gestellt, und nirgendwo sind Menschen mit größerer Entschlossenheit den Herausforderungen der Wüste begegnet. Die Großtaten der Australienforscher waren nichts weniger als das heldenhafte Ringen des Menschen mit einer feindlichen

Auf der Suche nach Gesträuch, mit dem er sein Dromedar füttern kann, verhält ein Mitglied der Expedition Wilfried Thesigers 1946 am Hang einer majestätischen Düne im Leeren Viertel Arabiens. Wo die Dichte des Sandes geringer ist, absorbiert er die spärlichen Niederschläge und hält sie zurück. An solchen Stellen kann Vegetation entstehen.

Natur. Die Erfahrungen eines Charles Sturt sind exemplarisch dafür. Der Armeeveteran und Teilnehmer an der Schlacht von Waterloo war als Bewacher einer Gruppe von Sträflingen nach Australien entsandt worden. In der Zeit, in der er als Sekretär des Gouverneurs Ralph Darling von Neusüdwales diente, wurde Sturt ein überzeugter Anhänger der Theorie vom großen Inlandsee. In seiner Vorstellung sah er darin bereits das „neue Kaspische Meer Australiens", und im Jahre 1828 machte er sich auf, es zu finden. Da es nicht existierte, blieben seine Anstrengungen natürlich ohne Erfolg. Die grelle Sonne hatte bei ihm zu einem zeitweiligen Verlust der Sehfähigkeit geführt. Zehn Jahre vergingen, bis sein Augenlicht und seine Gesundheit so weit wiederhergestellt waren, daß er einen weiteren Versuch unternehmen konnte. 1844 brach Sturt von neuem ins Landesinnere auf, diesmal an der Spitze einer Expedition von 15 Männern, elf Pferden, 30 Ochsen sowie 200 Schafen, die als Nahrung dienen sollten.

Anfangs kam die Expedition in nordwestlicher Richtung gut voran. Sturt schrieb zuversichtlich: „Wir scheinen auf der Straße des Erfolgs zu sein." Doch als das Jahr 1844 zu Ende ging, war ein selbst für inneraustralische Verhältnisse trockener Sommer angebrochen. Da sich Sturt und seine Gefährten nicht weiter in das ausgedörrte, durch die Trockenheit rissig gewordene Land hinauswagten, machten sie knapp 1000 Kilometer von Sydney entfernt an einem Wasserloch halt – und harrten dort sechs qualvolle Monate aus.

Die Hitze stieg bis 48° C im Schatten; die Durchschnittstemperatur betrug 38° C. Rückblickend schrieb Sturt: „Die Hitze trocknete das Holz so aus, daß sämtliche Schrauben aus unseren Kisten fielen und die Horngriffe unserer Instrumente wie auch unsere Kämme zersplitterten. Die Minen fielen aus unseren Bleistiften. Unser Haar hörte auf zu wachsen, ebenso wie die Wolle der Schafe, und unsere Nägel waren spröde wie Glas. Wir konnten kaum schreiben oder zeichnen, so rasch trocknete die Flüssigkeit in unseren Federn und Pinseln ein."

Die Nächte waren beinahe so schlimm wie die Tage. „Die blendende Helligkeit des Mondes war eine von den unangenehmsten Erscheinungen, die wir zu ertragen hatten", schrieb Sturt. „Es stellte sich als unmöglich heraus, seinem Licht zu entgehen, auf welche Seite man sich auch wälzte, und dies war außerordentlich störend." Als der Winter nahte, wurde das Wetter kühler. Sturt, der mittlerweile an

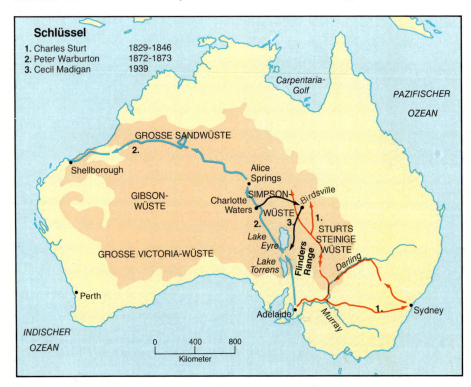

Wie die nebenstehende Karte zeigt, wurden die Wüsten im Inneren Australiens erst vor relativ kurzer Zeit vollständig erkundet. Die Simpson-Wüste im Herzen des Kontinents blieb unkartiert, bis eine von Cecil Madigan geleitete und mit Dromedaren ausgestattete Expedition sie 1939 erforschte.

Skorbut litt, zog weiter nach Nordwesten. Die Expedition erreichte eine weite, mit scharfkantigen, kieseligen Steinen bedeckte Ebene, die Sturt die Steinige Wüste nannte. Nachdem sie diese hinter sich gebracht hatten, näherten sie sich der Einöde, die heute als Simpson-Wüste bekannt ist: rund 140 000 Quadratkilometer Dünenfelder und Salzbuschebenen.

Schließlich mußten die Entdecker umkehren. Sie versuchten, die Steinige Wüste zu umgehen, doch ohne Erfolg. „Als wir plötzlich an ihrem Rand standen, raubte mir der Anblick den Atem", schrieb Sturt. „Sie sah noch abschreckender aus als zuvor. Baumlos und ohne Vegetation erstreckte sie sich bis zum Horizont."

Mit dem Dezember war der australische Sommer zurückgekehrt und mit ihm die unerträgliche Hitze. Sturt schrieb: „Der heiße Wind erfüllte die Luft mit einem unfühlbar feinen Staub, durch den blutrot die Sonne schien. Der Boden war so erhitzt, daß sich Streichhölzer entzündeten, wenn man sie fallen ließ."

Am Abend des 19. Januar 1846 wankten Charles Sturt und seine Gefährten nach 18 Monaten Abwesenheit und einer alptraumhaften Reise von fast 5000 Kilometern in die Stadt Adelaide. Als Sturt um Mitternacht die Tür seines Hauses aufsperrte, fiel seine Frau in Ohnmacht. Sie hatte ihn schon lange für tot gehalten.

In heutiger Zeit wäre eine Wüstenerforschung, wie Sturt sie durchführte, undenkbar und überdies unnötig. Nach dem Ersten Weltkrieg erleichterte die moderne Technologie die Erschließung der Wüsten. So bediente sich beispielsweise der amerikanische Naturforscher Roy Chapman Andrews in den zwanziger Jahren für seine ausgedehnten Expeditionen in die Gobi und benachbarte Wüsten einer Flotte robuster Kraftfahrzeuge *(S. 40–41)*. Andrews konnte auf diese Weise nicht nur in kurzer Zeit Strecken zurücklegen, deren Überwindung früher Jahre erfordert hätte, sondern auch weitaus mehr wissenschaftliches Gerät mitführen.

Doch wie hingebungsvoll ein Forscher auch seinen wissenschaftlichen Auftrag erfüllen mag, wenn die Wüste Gegenstand seiner Arbeit ist, wird stets ein Gefühl für ihre Geheimnisse in ihm lebendig sein. „Wir sind die Bahnbrecher des motorisierten Transports", schrieb Andrews. „Statt jedoch bei dem Gedanken Stolz zu empfinden, erfüllt mich große Traurigkeit darüber, daß wir die Unberührtheit der Wüste verletzt haben."

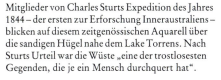

Mitglieder von Charles Sturts Expedition des Jahres 1844 – der ersten zur Erforschung Inneraustraliens – blicken auf diesem zeitgenössischen Aquarell über die sandigen Hügel nahe dem Lake Torrens. Nach Sturts Urteil war die Wüste „eine der trostlosesten Gegenden, die je ein Mensch durchquert hat".

NEULAND FÜR DIE WISSENSCHAFT

Angeregt von der Theorie, daß Zentralasien einst für die Entwicklung der Säugetiere von entscheidender Bedeutung gewesen sei, führte der amerikanische Zoologe Roy Chapman Andrews in den 20er Jahren dieses Jahrhunderts in der Mongolei und China sorgfältig vorbereitete und gut ausgerüstete Unternehmen zur paläontologischen Erforschung der Gobi durch. Seine Pläne wurden zunächst skeptisch aufgenommen und sogar lächerlich gemacht.

Andrews, der sich durch nichts von seinem Vorhaben abbringen ließ, unternahm zwischen 1922 und 1930 fünf Expeditionen, die sich von Anfang an durch zwei bemerkenswerte Neuerungen auszeichneten, eine wissenschaftliche und eine technische. Zum einen bestand Andrews auf einer interdisziplinären Zusammensetzung der Expedition, so daß neben Zoologen verschiedener Fachrichtungen auch Geologen, Topographen und Botaniker zu den Teilnehmern zählten. Zum anderen verwendete er erstmals Kraftfahrzeuge als Transportmittel in den asiatischen Wüsten. Wegen der grimmigen Winterkälte blieben die Reisen auf das Sommerhalbjahr beschränkt, aber die schnellen Kraftfahrzeuge erlaubten Abstecher und zusätzliche Nachforschungen, die andernfalls nicht möglich gewesen wären.

Andrews' Stellvertreter begrüßte die erste von zahlreichen Entdeckungen mit einer lakonischen Untertreibung: „Das Zeug ist hier." In prähistorischer Zeit hatte die Gobi tatsächlich eine erstaunliche Vielfalt tierischen Lebens beherbergt, darunter Mastodonten, Nashörner und Schweine. Im weiteren Verlauf der Forschungen sollte sich die Region als eine der reichsten Fossilienfundstätten der Erde erweisen, und Andrews konnte stolz verkünden, daß sie „der Wissenschaft eine neue Welt eröffnet hatten".

Eine knatternde Kolonne von Dodge-Fahrzeugen befördert im Jahre 1928 Teilnehmer der Andrews-Expedition durch die Gobi in der östlichen Mongolei. Die Wagen waren zehnmal schneller als Karawanen. Nachdem sie ihre Wüstentauglichkeit bewiesen hatten, wurden sie schließlich mit Gewinn an einheimische Pelz- und Wollhändler verkauft.

Teilnehmer der Andrews-Expedition von 1928 versammeln sich am Abend in ihrem Lager am „Schlotfelsen" um ein Koffergrammophon. Andrews *(vierter von links)* verteidigte solche Annehmlichkeiten mit den Worten: „Ich glaube nicht an Entbehrungen. Sie sind großer Unsinn."

Die Teilnehmer der Expedition lassen sich 1928 für ein Erinnerungsbild aufnehmen. Die Kamelkarawane brach Wochen vor der Fahrzeugkolonne auf. Jedes Tier trug eine Last von 80 Kilogramm – vor allem das Benzin für die Kraftfahrzeuge.

Die Entdeckung der ersten fossilen Dinosauriereier, die der Wissenschaft bekannt geworden sind, war ein besonderer Erfolg der Andrews-Expedition von 1923. Die hier gezeigten 23 Zentimeter langen Exemplare wurden 1925 gefunden und freigelegt.

Der Schädel eines kleinen, mit einer Art Papageienschnabel bewehrten Dinosauriers liegt teilweise freigelegt an der Stelle, an der er vor mehr als 70 Millionen Jahren niederfiel. Im Jahre 1922 entdeckt, erhielt das Reptil zu Ehren des Expeditionsleiters später den Namen *Protoceratops andrewsi*.

Der Chefpaläontologe Walter Granger (*vorn*),
Teilnehmer an allen fünf Andrews-Expeditionen,
hebt vorsichtig ein Nest mit Dinosauriereiern von
der Fundstelle am Rand der „Flammenden Klippe"
bei Shabarakh Usu auf. Die Felsformation, deren
Name von den leuchtenden Farben herrührt, die sie
bei Sonnenaufgang und Sonnenuntergang annahm,
barg viele der wichtigsten Fossilienfunde.

Über tausend Jahre lag dieses Skelett, mit dem Gesicht nach unten, in seinem Grab in der Wüste Gobi. Der Tote war in einem mit Perlen aus Muschelschalen geschmückten Gewand beerdigt worden. Er gehörte einem Stamm an, der vor der Herrschaft der Mongolen das Gebiet bewohnte.

Mit einer Geschicklichkeit, die lange Übung verrät, errichtet ein Mongole ohne fremde Hilfe eine Jurte für sich und seine Familie. Die Aufnahme entstand während der Andrews-Expedition von 1922 im einförmigen Becken des Tsagan-nor in der westlichen Mongolei. In idealer Weise dem Nomadenleben angepaßt, ist der leichte, doch widerstandsfähige Rundbau mit einem Filzdeckenbelag versehen, der seine Bewohner gegen Kälte und Wind schützt.

Der Archäologe Nels Nelson sortiert Teile einer umfangreichen Sammlung von Artefakten, die im Laufe der Expedition von 1925 zusammengetragen wurde. Die meisten Gegenstände wurden auf den alten Terrassen eines vor sehr langer Zeit versiegten Flusses gefunden, wo jahrtausendelang eine Bevölkerung lebte, die von der Andrews-Gruppe den Namen „Dünenbewohner" erhielt.

Expeditionsleiter Andrews schiebt sich gefährlich weit hinaus zu einem exponierten Nistplatz über einem, wie er schrieb, „wilden Chaos von Schluchten, Canyons und gewaltigen Abgründen", um eine junge Gabelweihe aus dem Nest zu nehmen. Während seiner fünf Expeditionen in die Gobi sammelte der Zoologe Andrews mehr als 20 000 Tiere für Institute und Museen in aller Welt.

Kapitel 2

LANDSCHAFTEN DES MANGELS

Auf ihrer 220 Kilometer hohen Umlaufbahn durch die Kälte des luftleeren Weltraums untersuchte im November des Jahres 1981 die amerikanische Raumfähre *Columbia* mit einem Spezialinstrument die Oberfläche ihres Heimatplaneten. Ihr Interesse galt einem braunen Fleck, der sich auffällig von der sonst vorherrschend wasserbedeckten, blauen Wölbung der Erdoberfläche abhob. Die Zielregion war selbst kaum weniger lebensfeindlich als der Weltraum – die Western Desert oder Al-Gharbiyah in Nordafrika. Die völlig öde Western Desert erstreckt sich vom südlichen Ägypten bis in den Sudan. Sie ist Teil der Sahara, eines der trockensten Gebiete der Erde, in dem manchmal jahrzehntelang nicht ein einziger Regentropfen fällt. Der heiße Wüstenwind hat den feinen, lockeren Sand zu einer ebenen Landschaft geformt, aus der sich nur gelegentlich weich konturierte Dünen oder anstehendes Gestein hervorheben. Ein Teil der Western Desert, die Sandfläche von Selima, liegt unter einer hohen Sandabdeckung.

Bei dem Experiment der *Columbia*, das in der Aufregung des zweiten erfolgreichen Fluges fast unbeachtet blieb, ging es um eine neuentwickelte Fernerkundungsmethode mit Hilfe von Radar. Das Gerät richtete Radarstrahlen auf die Sandfläche und zeichnete die Signale auf. Später schlossen Wissenschaftler aus der unterschiedlichen Laufzeit und jeweiligen Zeitverzögerung der Signale auf die Höhenlage der abgetasteten Rückstrahlziele und erstellten eine Karte.

Eine der Institutionen, denen die Daten zugänglich gemacht wurden, hatte ein besonderes Interesse an dem Ergebnis. Der United States Geological Survey hatte nämlich selbst ein Reihe von Expeditionen zur Untersuchung der Oberflächenformen und der in Wüsten ablaufenden Prozesse durchgeführt. Eine der beteiligten Wissenschaftlerinnen, Carol Breed, untersuchte die Radarbilder als erste. Sie wußte aus unmittelbarer Anschauung, daß die Sandfläche von Selima ein völlig ebenes, konturloses Gebiet war. Beim ersten Blick auf das Bild war sie fassungslos: „Großer Gott", dachte sie, „wo ist die Sandfläche geblieben?"

In feuchteren Regionen werden Radarwellen von der Bodenfeuchtigkeit reflektiert bzw. absorbiert. Der Sand der Sandfläche von Selima ist jedoch, wie sich herausstellte, so trocken, daß Radarwellen tief eindringen. Die Signale, die von den Instrumenten der *Columbia* aufgezeichnet wurden, waren die Rücksignale des festen Untergrundes, auf dem eine bis zu viereinhalb Metern hohe Sandbedeckung liegt. Statt der eintönigen Sandebene hatte das Radar das Abbild eines älteren Felsreliefs aufgezeichnet, das Einschnitte von Flußläufen aufwies. Einige dieser talartigen Einschnitte hatten die Breite des Nils und standen mit einem Netzwerk kleinerer Flußbetten in Verbindung, von denen einige nicht breiter als etwa 100 Meter waren. Damit hatte man den Beweis für eine weit regenreichere und lebensfreundlichere Vergangenheit dieses Gebietes.

Die erst vor kurzem aufgeklärte Entstehungsgeschichte der Sandfläche von Selima und der übrigen Sahara belegt eine für alle Wüsten der Erde gültige Feststellung: Sie verändern ständig ihre Lage auf der Erdoberfläche. Nach wissenschaftlicher Schätzung ist das in den Felsuntergrund von Selima eingekerbte

Feuchte Winde aus dem Süden lassen mächtige Wolkenbänke an den Gebirgsketten des Himalaya in Nepal entstehen. Der auf weite Strecken zwischen 7000 und 8000 Meter hohe Kamm der Zentralkette verhindert jedoch ein Vordringen der feuchtwarmen Luftmassen nach Norden. Deshalb erhält die Leeseite des Gebirges nur geringe Niederschläge, wie die öde Ebene im Vordergrund zeigt.

Flußsystem höchstens 35 Millionen Jahre alt. Alle heutigen Wüsten waren irgendwann in der viereinhalb Milliarden Jahre langen Erdgeschichte von Wasser, Eis oder üppiger Vegetation bedeckt. Die Herausbildung arider Gebiete, die bis heute andauert, ist das Ergebnis gewaltiger Veränderungen in der Krustenstruktur der Erde – Veränderungen, die man erst seit der Entwicklung der Theorie der Plattentektonik in den späten 60er Jahren verstehen gelernt hat.

Diese Theorie geht davon aus, daß die Erdkruste und Teile des oberen Mantels aus sieben großen und einer Anzahl kleinerer Platten bestehen, die durch das Aufsteigen von schmelzflüssigem Mantelmaterial an den mittelozeanischen Rücken ständig vergrößert werden. Von den untermeerischen Rücken aus verbreitern sich die Platten um einige Zentimeter pro Jahr. Gleichzeitig tauchen sie aber in bestimmten Zonen wieder ab und werden erneut aufgeschmolzen. Die Platten tragen, ebenfalls dieser Theorie zufolge, die Kontinente mit sich, die ständig weiter auseinandergerissen und zu neuen Konstellationen zusammengefügt werden. Diese Vorstellung einer dynamischen Erde trägt zur Erklärung solch unterschiedlicher geologischer Erscheinungen wie Erdbeben, Vulkanismus, Kontinentalverschiebung und Gebirgsbildung bei. Und schließlich erlaubt sie die Rekonstruktion von Abläufen der Erdgeschichte und mit ihr Aussagen über die Wüstenbildung.

Vor ungefähr 200 Millionen Jahren begann der Großkontinent Pangäa, der zu jener Zeit die gesamte Landmasse der Erde umfaßte, auseinanderzubrechen. Ein großer Teil des heute trockenen Landes war von flachen Schelfmeeren bedeckt. Meeresrückzüge hatten schließlich zur Folge, daß dem Inneren der großen Kontinente im Laufe der Zeit eine entscheidende Möglichkeit der Wasserversorgung verlorenging. Vor etwa 100 Millionen Jahren begann sich der Südatlantik zu verbreitern, wobei Südamerika und Afrika auseinanderbrachen. Vor 85 Millionen Jahren waren sie dann vollständig getrennt. Außerdem löste sich eine Landmasse, zu der die heutige Antarktis, Australien und Indien gehörten, und zerbrach. Die Antarktis bewegte sich nach Süden, Australien nach Nordosten. Indien driftete nordwärts und kollidierte vor rund 40 Millionen Jahren mit der asiatischen Landmasse. Damit begann die Auffaltung des Himalaya.

Noch vor 35 Millionen Jahren war die Arabische Halbinsel mit dem afrikanischen Kontinent verbunden, und ein breites Meer, die sogenannte Tethys, erstreckte sich im Norden Afrikas vom heutigen Mittelmeer bis zum Indischen Ozean. Vorherrschende Ostwinde führten aus dem Tethys-Raum große Feuchtigkeitsmengen mit sich, die den ostafrikanischen Regionen reichliche Niederschläge bescherten. Vor ungefähr 24 Millionen Jahren jedoch bildete sich allmählich eine Rift-Zone zwischen Afrika und Arabien; dies führte zur langsamen Herausbildung des Roten Meeres zwischen den Kontinenten. Durch die plattentektonischen Vorgänge wurden Gebirge gebildet, die so hoch waren, daß sie die niederschlagbringenden östlichen Luftströmungen zum Abregnen brachten. Außerdem drifteten Afrika und Arabien nordwärts. Das Meer im Norden, die Tethys, verengte sich, und die Feuchtigkeitszufuhr wurde vermindert. Vor etwa 2,5 Millionen Jahren waren die Flüsse und Bäche dieser Region ausgetrocknet; die Täler wurden vom Wüstenwind mit Sand aufgefüllt.

Seit jener Zeit hat es vielleicht 20 kurze Klimaverbesserungen in dieser Region gegeben. Während der jüngsten, die vor ungefähr 10 000 Jahren eintrat, wurde die Wüste zur grasbewachsenen Savanne, mit zahlreichen kleinen Bächen und Seen und einem artenreichen Tierleben, wie man es heute nur viel weiter im Süden finden kann. Später herrschte jedoch wieder Trockenheit vor, die Gräser und Bäume vertrockneten, der Boden wurde zu Sand, und seit 5000 Jahren ist dieser Teil Ägyptens und des Sudans eine Sandwüste, in der es nur wenige, weit auseinanderliegende Oasen gibt, in denen sich Karawanen versorgen können.

Die heutige Verteilung der Wüsten *(Karte S. 80–81)* weist eine erstaunliche Symmetrie auf. Die meisten liegen in zwei erdumspannenden Gürteln, die einen um den nördlichen Wendekreis (Wendekreis des Krebses) auf 23 Grad 27 Minuten

Einen eindrucksvollen Beweis dafür, daß die östliche Sahara nicht immer eine Wüste war, lieferte 1981 eine von der Raumfähre *Columbia* angefertigte Radaraufnahme. Eine herkömmliche Satellitenphotographie *(oben)* zeigt eine fast einförmige Landschaft. Die Radarsignale der *Columbia* jedoch durchdrangen die trockene Sandbedeckung der Oberfläche und zeigen darunter ein altes Flußnetz *(rechts)*.

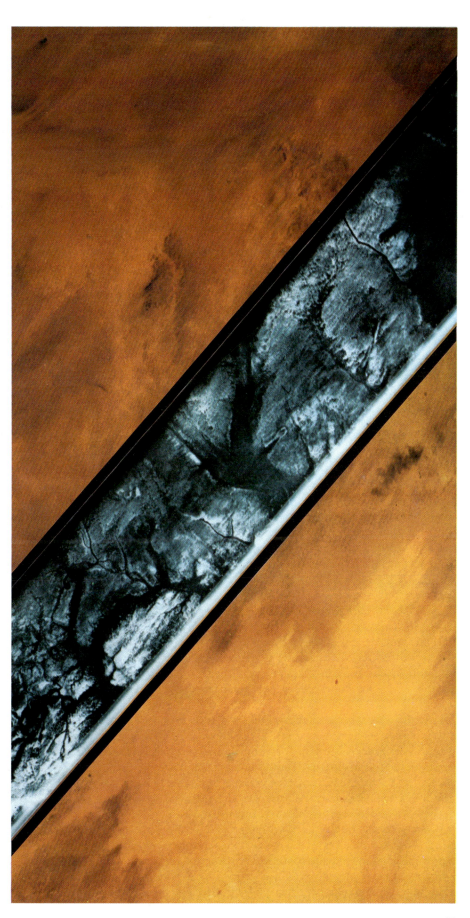

Nord und die anderen um den südlichen Wendekreis (Wendekreis des Steinbocks) auf 23 Grad 27 Minuten Süd. In der nördlichen Hemisphäre erstreckt sich in den Subtropen der Alten Welt eine Serie von Wüsten von der Westküste Nordafrikas über die Arabische Halbinsel und den Iran bis hinein nach Indien. Die entsprechenden Wüsten in der Neuen Welt sind die des amerikanischen Südwestens und Mexikos. In der südlichen Hemisphäre finden sich die südafrikanische Kalahari, die argentinische Monte-Wüste und die Wüsten von Zentralaustralien.

Die Lage und Beständigkeit dieser Wüsten am Rande der Tropen sind im wesentlichen ein Ergebnis der relativ stabilen atmosphärischen Zirkulation. Die Bewegungen in der Erdatmosphäre sind zwar im einzelnen außerordentlich kompliziert, sie lassen sich aber verhältnismäßig leicht beschreiben, wenn man generalisiert. Die Atmosphäre funktioniert nämlich wie eine Art Wärmemaschine, die von der Sonnenenergie ständig in Bewegung gehalten wird. Auf ihrem Weg zur Erde passieren die Sonnenstrahlen die Atmosphäre, werden an der Oberfläche von Land und Wasser absorbiert und schließlich als Wärme reflektiert. Der größte Teil der auf die Erde treffenden Sonnenstrahlung wird in den Tropengebieten absorbiert, wo die Sonne im Sommer wie im Winter fast im Zenit steht. In anderen Teilen der Erde trifft die Strahlung in schrägerem Winkel auf die Erdoberfläche und hat infolgedessen auch einen geringeren Wärmeeffekt.

Die erwärmte tropische Luft dehnt sich aus, wird leichter als die Umgebungsluft und steigt nach oben, wobei sie große Mengen Wasserdampf von der erwärmten Oberfläche der Weltmeere mit sich trägt. Beim Aufsteigen kühlt die feuchte Luft ab, bis sie schließlich in einer Höhe von acht bis zehn Kilometern an Auftrieb verliert und sich seitlich, d.h. nord- und südwärts, auszubreiten beginnt. Die abgekühlte Luft kann die großen Wasserdampfmengen nicht mehr tragen, die Feuchtigkeit kondensiert und schlägt sich in den für tropische Klimazonen typischen wolkenbruchartigen Regenfällen nieder.

Die weiter abgekühlte und weitgehend trockene Luft wird auf ihrem Weg polwärts zunehmend schwerer und sinkt ab. Durch das Nachfließen absinkender Luft wird sie zudem komprimiert. Diese Verdichtung verursacht eine erneute Erwärmung der Luft – auf jeweils 100 Meter Abstieg steigt die Lufttemperatur um etwa 0,6° C. Diese warmen, trockenen, unter hohem Druck stehenden Luftmassen erreichen die Erdoberfläche ungefähr bei 30 Grad nördlicher und südlicher Breite und fließen dann zum größten Teil zum Äquator zurück, in die Tiefdruckzonen, die die aufsteigende Tropenluft verursacht hat. Die Wüsten der Subtropen liegen dort, wo die trockene Hochdruckluft zur Erdoberfläche absinkt. Selbst auf den Weltmeeren fällt in diesen Zonen kaum Regen.

Dieses System der atmosphärischen Zirkulation, das von der tropischen Sonne in Gang gehalten wird, trägt nach George Hadley, dem britischen Wissenschaftler des 18. Jahrhunderts, der es zuerst beschrieben hat, den Namen Hadley-Zirkulation. Typisch dafür sind zellenförmig gegliederte Gürtel: Zwei liegen beiderseits des Äquators, zwei ähnliche Systeme vertikaler Zirkulation über den gemäßigten Breiten, und eine weitere Zelle liegt über jedem Pol. Dieses Grundmuster der atmosphärischen Zirkulation ist während des größten Teils der geologischen Zeiträume relativ konstant geblieben, und man nimmt an, daß es auch in der Zukunft unseres Planeten in dieser Weise erhalten bleibt. Dennoch ist die Lage der Wüsten alles andere als konstant, wie die Radarbilder der Sandfläche von Selima mit ihrem längst verschütteten Talsystem deutlich bewiesen haben. Die weiteren beteiligten Faktoren verstand man erst mit Hilfe der Theorie der Plattentektonik und der Herausbildung einer klaren Vorstellung darüber, wie sich die Gestalt der Kontinente in der Vergangenheit verändert hat.

Daß eine hohe Gebirgskette an ihrer Luvseite die Luftmassen zum Abregnen bringt und dadurch an ihrer Leeseite Niederschläge verhindert, weiß man seit langem. Erst die Plattentektonik jedoch konnte erklären, wie selbst gewaltige Granite – die der Mensch geradezu als Symbol der Beständigkeit betrachtet – in dauernder Veränderung begriffen sind. Große Gebirgszüge wurden im Laufe der

Zeit bis auf den Fuß abgetragen, während der Himalaya, ein relativ junges Gebirge, als Folge der noch andauernden Kollision Indiens mit der asiatischen Landmasse immer noch in die Höhe getrieben wird. Der katastrophale Ausbruch des Mount St. Helens im Nordwesten der Vereinigten Staaten im Jahre 1980 war nur ein schwaches Echo des heftigen Vulkanismus, von dem die Entstehung der westlichen Randgebirge des amerikanischen Kontinents begleitet war.

Wenn feuchte Luftmassen auf hohe Gebirge treffen, wird die Luft nach oben gelenkt und kühlt sich ab. Die Feuchtigkeit kondensiert und wird auf der Luvseite des Gebirgszuges abgeregnet. Die Trockenwinde, die zur Leeseite des Gebirges vordringen, tragen zur Herausbildung einer sogenannten Reliefwüste bei. In den Vereinigten Staaten bilden die Cascade Range und die Sierra Nevada eine mächtige Nord-Süd-Barriere, die mit Höhen bis zu 4200 Metern zwischen dem Pazifischen Ozean und dem Landesinneren liegt. Die westlichen Winde laden am seewärtigen Hang des Gebirges bis zu 2500 Millimeter Regen jährlich ab. Das reicht, um in einigen Teilen des pazifischen Nordwestens üppige Wälder gedeihen zu lassen. Östlich dieser Berge, im Regenschatten, liegt die Reliefwüste des Großen Beckens, die sich vom Bundesstaat Washington nach Süden erstreckt und das Gebiet von Nevada und Utah einschließt. Im östlichen Australien verhindert die Great Dividing Range, daß die vorherrschenden Ostwinde die Feuchtigkeit, die sie über dem Pazifik aufnehmen, ins Landesinnere transportieren. Der Süden der UdSSR und Afghanistans leiden wegen der Gebirge, die vom Indischen Ozean kommende Regenwolken abschirmen, unter Trockenheit.

Die Wirkung des Regenschattens wird durch einen weiteren geographischen Faktor verstärkt – die Größe der kontinentalen Landmasse. Die größten asiatischen Wüsten, die Takla-Makan in China und die Wüste Gobi in der Mongolei und China, sind aus zwei Gründen Trockengebiete: wegen der Gebirgsbarrieren und aufgrund ihrer großen Entfernung vom Meer. Diese Entfernung vergrößerte sich vor 40 Millionen Jahren dramatisch, als Asien durch Plattenverschiebung mit dem indischen Subkontinent zusammengeschweißt wurde. Wenn die Westwinde schließlich Zentralasien erreichen, haben sie Tausende von Kilometern über Land zurückgelegt und dabei allmählich ihre gesamte Feuchtigkeit verloren.

Überraschenderweise liegen einige der trockensten Gebiete der Erde in Sichtweite großer Ozeane. An den Westküsten dreier Kontinente haben sich Wüsten entwickelt, weil die angrenzenden Meere kalt sind. In diesen Fällen treiben die vorwiegend küstenparallel wehenden Winde unter dem Einfluß der Erdumdrehung die Oberflächenströmungen rechtwinklig zur Windrichtung seewärts. Weil es hier keine Küstenströmung gibt, die das seewärts getriebene Wasser ersetzen könnte, wird sehr kaltes Wasser vom Meeresgrund nach oben befördert. Diese vertikale Auftriebsbewegung ist in gewissem Sinne mit der atmosphärischen Zirkulation, wie sie von Hadley beschrieben wurde, vergleichbar. Luftmassen, die derartige Kaltwasserzonen überqueren, kühlen ab und können nicht mehr soviel Wasserdampf tragen. Die kondensierende Feuchtigkeit regnet entweder über dem Meer ab oder bildet entlang der Küste dichte Nebelbänke. Das ausgetrocknete Land erhält also wenig oder keine Niederschläge.

Die Atacama-Wüste von Peru liegt genau im Osten einer solchen Auftriebsströmung, die dadurch weltweite Berühmtheit erlangt hat, daß sie bei der meteorologischen Erscheinung, die als El Niño bekannt ist, eine Rolle spielt. Alle paar Jahre, gewöhnlich gegen Weihnachten (daher der Name, der sich von einer umgangssprachlichen spanischen Bezeichnung für das Christkind ableitet), verändert sich die Lage der Passate, und warmes Wasser gelangt an die Küsten Südamerikas. Die Störung der Auftriebszone bewirkt verheerende Regenfälle, katastrophale Veränderungen der Nahrungsmenge für Fische und Vögel und einschneidende Verschiebungen der globalen Klimazonen. In normalen Jahren jedoch erhält die Atacama durch Nebel, der von der See hereingeweht wird, und durch gelegentliche winterliche Sprühregenfälle nicht mehr als einen Millimeter Niederschlag pro Jahr, und einige Orte müssen jahrelang ohne eine Spur von Regen auskommen.

Seenebel legen eindrucksvolle Schleier über die Dünen der südamerikanischen Atacama-Wüste. Doch die in ihnen gebundene Feuchtigkeit ist ohne Nutzen für das Land.

Die vom Pazifik kommenden Luftmassen regnen meist schon über den kalten Küstengewässern ab. Die Atacama ist deshalb eine der trockensten Gegenden der Erde.

Einige der faszinierendsten Wüsten der Erde bilden eine Ausnahme von der allgemeinen Regel, daß Trockenzonen eine Erscheinung der Subtropen sind. Abweisende Kältewüsten wie die Takla-Makan in China und die Wüsten von Turkestan in der Sowjetunion liegen erheblich weiter polwärts als 30 Grad Nord, und die polare Zirkulationszelle schafft ebenfalls ihre eigenen Wüstenbedingungen. Bei 60 Grad Nord und Süd – der Breite von Anchorage in Alaska auf der Nordhalbkugel bzw. dem offenen Meer südlich von Feuerland auf der Südhalbkugel – steigt relativ warme Luft auf und fließt polwärts. Sie wird dabei kühler und verliert ihre geringe Feuchtigkeitsmenge als Regen oder, häufiger noch, als Schnee. Dann sinkt sie wieder ab und fließt, den Kreislauf schließend, zurück.

Obwohl es in dieser Gegend mehr als genug Wasser in Form von dicken Eisschichten, Gletschern und Schnee gibt – fast die gesamte Landfläche der Polarzonen ist davon bedeckt –, zählen diese Zonen dennoch zu den ariden Gebieten. Selbst in den schneereichsten Jahren erhalten sie nicht mehr als siebeneinhalb bis zehn Zentimeter Schnee – das entspricht zehn bis zwölf Millimeter Regen. Vereinzelt gibt es oberhalb der Polarkreise auch eisfreie Gebiete aus Fels oder Sanden. Diese wurden von Gletschern an Stellen abgelagert, an denen geringer Schneefall von den heftigen polaren Winden rasch verweht wird. Teile des nördlichen Grönlands, der Nordhang Alaskas, einige kanadische Inseln und ein Teil der Antarktis weisen solche Kältewüsten auf.

Die schneidende Kälte, die für derartige polare Gebiete typisch ist (die Wintertemperaturen sinken regelmäßig bis auf $-57°$ C, und die höchsten Temperaturen des Sommers liegen nicht über $-4°$ C), bewirkt eine charakteristische Erscheinung – Permafrost, ständig gefrorenen Boden. In der kältesten Polarwüste reicht der Permafrost von der Oberfläche bis in Tiefen von mehr als 350 Metern. Wo es im jahreszeitlichen Rhythmus Gefrieren und Auftauen gibt, ist der Permafrostboden von einem Auftauboden bedeckt. Wenn die obersten Meter Boden im Sommer auftauen, kann das Wasser nicht nach unten versickern, sondern wird von der undurchdringlichen Permafrostschicht gestaut. Es sammelt sich daher in Lachen und flachen Tümpeln, wodurch das Paradox einer wasserüberfluteten Wüste entsteht. Ein Geologe hat einmal bemerkt, daß ein Mensch in einer polaren Wüste während der Tauperiode eher Gefahr laufe, zu ertrinken als vor Durst zu sterben.

Durch das wiederholte Gefrieren und Auftauen zeigt der Auftauboden ganz typische Erscheinungen. Dazu gehört die sogenannte Solifluktion. Der Boden bläht sich beim Gefrieren auf und drückt an Hangneigungen wassergetränktes Erdreich in flachen Wellen abwärts, so daß die Hänge Ähnlichkeit mit der runzligen Haut eines alten Elefanten haben. Der Permafrost bildet eine harte und ziemlich glatte Oberfläche, auf der das Erdreich des Auftaubodens abwärts gleiten kann. Der Auftauboden kann auch polygonale Einkerbungen aufweisen. Diese sehen den geometrischen Formen auf Playas – Salztonebenen, in denen sich nach Regenfällen Wasser sammelt und verdunstet – überraschend ähnlich.

Während die Oberfläche einer Playa infolge der großen Hitze austrocknet und Risse bekommt, ist es bei einer polaren Wüste die Kälte, die den Boden rissig werden läßt. Im Sommer sickert Schmelzwasser in den Boden, und die Volumenzunahme beim Gefrieren hat eine Stauchung zur Folge. Die Risse weiten sich bis in den darunterliegenden Permafrost aus. Wenn das Wasser wiederum gefriert, bildet sich ein Eiskeil, der in dem tieferen, kälteren Teil der Spalten das ganze Jahr über erhalten bleibt. In den trockensten polaren Wüsten werden diese Spalten anstatt mit windverfrachtetem Sand mit Wasser aufgefüllt.

Der britische Forscher Robert Scott war überrascht, in einer kältestarren Öde Wüstensand zu finden, als er auf das erste dieser antarktischen Wüstengebiete stieß, die als Trockentäler oder eisfreie Täler bezeichnet werden. Als er im Jahre 1903 bei einem frühen Versuch, den Südpol zu erreichen, die eisbedeckten Hochländer überquerte, geriet er in extrem kaltes und schlechtes Wetter, und dies trotz der Tatsache, daß es Dezember war – in der südlichen Hemisphäre die Zeit des Sommers. Der Spur eines Gletschers folgend, stieg er in ein Tal ab, um Schutz vor dem Wetter zu suchen. Er bemerkte zu seiner Verwunderung, daß der Gletscher sich nicht verbreitete und das Tal, wie dies gewöhnlich der Fall war, ausfüllte, sondern kleiner wurde und schließlich ganz und gar verschwand.

Scott hielt seine Überraschung in seinem Tagebuch fest: „Zu meinen Füßen lagen die sandigen Flächen und auf der Talsohle verstreute Haufen von grobem Verwitterungsschutt. Keine Spur von Eis oder Schnee war zu entdecken, und als wir den relativ warmen Sand durch die Finger rinnen ließen, schien es fast unglaublich, daß wir nur gut 150 Kilometer von den schrecklichen Wetterbedingungen entfernt waren, unter denen wir gelitten hatten. Dieses Tal wirkt einfach faszinierend auf mich. Wir haben heute alle Anzeichen dafür gefunden, daß das Eis und auch das Wasser stark formgebend tätig waren, und doch sind diese Kräfte gegenwärtig nicht aktiv. Es sollte auch festgehalten werden, daß wir nichts Lebendes gesehen haben, nicht einmal Moos oder Flechten."

Das Tal, das Scott zufällig gefunden hatte, ist eines von dreien, die parallel zueinander zwischen McMurdo Sound und den Transantarctic Mountains in Victoria-Land verlaufen. Schneefall tritt in den Trockentälern nur selten auf und beträgt dann maximal 10 Zentimeter pro Jahr. Der Schnee wird meist von den heftigen Stürmen, die bis zu 200 Stundenkilometer erreichen, schnell hinweggefegt. Zudem nehmen das dunkle Gestein und der Verwitterungsschutt in den Tälern so viel Sonnenwärme auf, daß sommerliche Schneefälle sofort wegschmelzen. Die 4500 Meter hohen Berge schützen die Täler gegen das Inlandeis, das nahezu die gesamte östliche Antarktis bedeckt, und obwohl hier und da einzelne Gletscherzungen durch Lücken in den Gebirgszügen das Meer erreichen, sind die eisfreien Täler durch morphologische Besonderheiten vollständig abgeschirmt.

Während der Sommermonate füllt das abschmelzende Gletschereis der Antarktis zahlreiche kleine Seen, deren Wasser oft Salze enthalten, die aus den anstehenden Gesteinen herausgelöst wurden. Scott hatte keinerlei Hinweise auf Leben finden können; inzwischen haben aber die Biologen am Boden eines dieser vom Tauwasser gespeisten Seen blaugrüne Algen entdeckt. Die einzigen anderen bescheidenen Spuren von Leben sind Bodenbakterien und eine flügellose Fliege – das größte Landtier, das derzeit auf dem antarktischen Kontinent lebt.

Die auf der Sohle der Trockentäler verstreut liegenden Findlinge und die flankierenden Felswände sind mit zahllosen kleinen Hohlräumen und Gängen übersät, die ihre Entstehung offensichtlich der kombinierten Einwirkung von chemischer Verwitterung des Gesteins und Windschliff durch Sand und Eiskristalle verdanken. Einige dieser als Tafoni bezeichneten Bröckelhöhlen sehen wie phantastische, starre Halskrausen oder versteinerte Wellen mit hoch aufgesteilten, brechenden Wellenkämmen aus. Wie bei ihren Gegenstücken in den trockenen Heißwüsten wird das Gestein durch die chemische und physikalische Einwirkung von Wasser, Salz und Wind allmählich zu Sand zerkleinert. Das Schmelzwasser von Gletschern trägt weiteren Sand in die Täler, so daß sich mitten in diesem kältestarren Kontinent sogar Sanddünen herausbilden können. Sie sind nur klein, weil die Sandmenge begrenzt ist, ihre Formen jedoch sind exakte polare Abbilder der hohen Sanddünen der Sahara, der Takla-Makan und aller übrigen vollariden Gebiete, die die Erde gürtelförmig umspannen.

Der extreme Charakter des Wüstenklimas spiegelt sich auch in den ausgeprägt schroffen Konturen der Landschaft. Die Trockenheit trägt zu diesem schroffen Aussehen das Ihre bei. In feuchteren Klimaten werden Sand, Ton und Schluff sowie zersetzte organische Bestandteile vom Wasser zu einer zusammenhängenden Bodenschicht verbunden. Der Boden bewegt sich infolge der Schwerkraft beständig abwärts, so daß lange, sanfte Hänge entstehen, deren Konturen durch die Vegetation noch weiter geglättet werden.

In der Wüste jedoch werden flache, sandige Becken unvermittelt von steilen Felsabhängen und Klippen durchschnitten. Scharfkantige Felsblöcke und nackte Gesteinspartien beherrschen das Bild. Selbst die Sahara, die wegen ihrer ausgedehn-

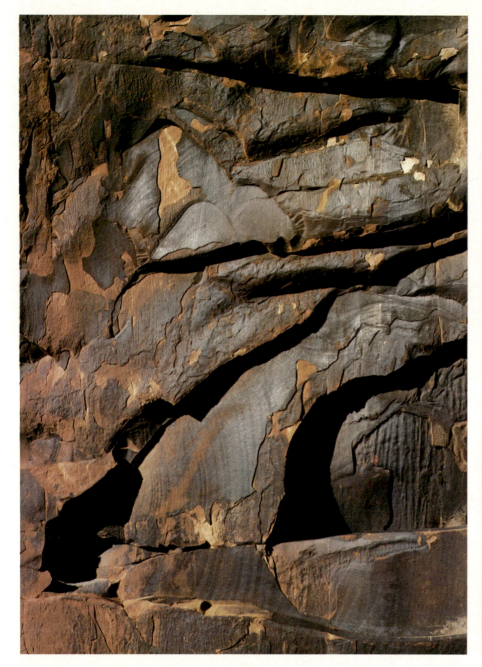 

ten Sanddünenfelder berühmt ist, besteht zum größten Teil aus Fels: Der Sand bedeckt nicht mehr als 20 Prozent ihrer Gesamtfläche.

Die einzigen dauerhaften Wasservorräte in der Wüste findet man nur in Oasen, die aus Quellen gespeist werden. Diese verdanken ihre Existenz Regenfällen, die vor Tausenden von Jahren oder in Hunderten von Kilometern Entfernung aufgetreten sein können. Das Wasser wird in einer unterirdischen, porösen Gesteinsschicht, die als Aquifer (S. 63) bezeichnet wird, gespeichert oder transportiert. Der in den Hochländern Afrikas und in der Äquatorialregion niedergehende Regen sammelt sich im porösen Gestein einer als nubischer Sandstein bezeichneten Formation, die sich unter weiten Teilen der Sahara hindurchzieht. Das Wasser sickert langsam durch den Aquifer und tritt schließlich dort zutage, wo die Schichten entweder gefaltet oder von Störungsflächen durchzogen sind.

Das Grundwasser ist im allgemeinen nicht salzhaltig und ermöglicht das Wachstum von Palmen und anderer Wüstenvegetation. Wenn sich das Wasser im Aquifer jedoch zu langsam fortbewegt, können so große Mengen von Salzen bei dem Durchgang durch das Gestein herausgelöst werden, daß es als Trinkwasser und für Pflanzen ungeeignet ist. Nur einige wenige Wüstengräser und Büsche haben entsprechend hohe Salztoleranzen entwickelt. Sie wachsen in den Salzmarschen,

Das Antlitz der Wüste ist durch die unablässig wirkenden Kräfte von Verwitterung und Erosion ständigen Veränderungen unterworfen. Extreme Temperaturschwankungen und das Gefrieren von Wasser in Gesteinsritzen und -hohlräumen führen zur Absprengung dünner, oberflächenparalleler Platten – wie im Sandstein des Colorado-Plateaus (*links*). Sie sammeln sich am Fuß der Felswände als Hangschutt und zerfallen schließlich zu Sand. In der Wüste Namib (*oben*) erzeugt ständiger Wind die Illusion einer „rauchenden" Düne. Durch den Wind wird die Düne allmählich leewärts versetzt.

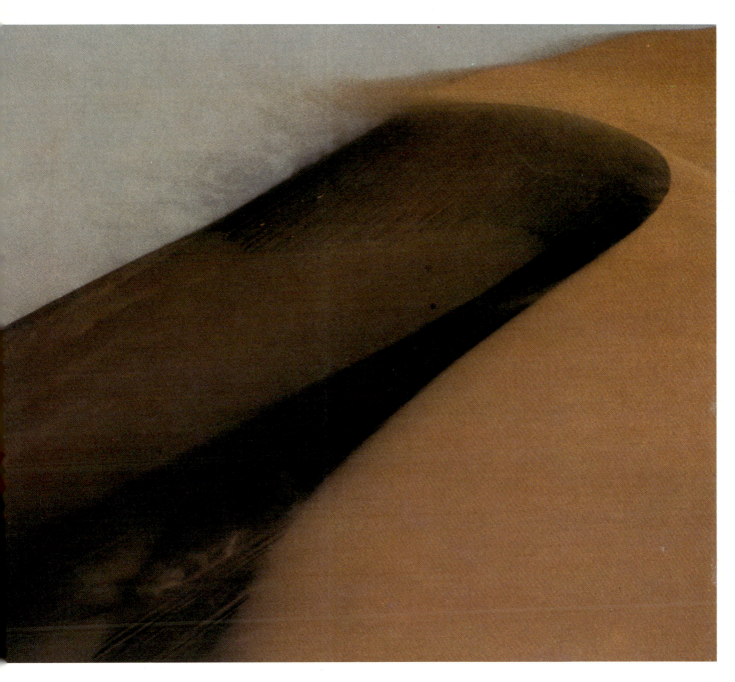

die manchmal in der Nähe von salzigen Quellen auftreten. An Flüssen, die außerhalb von Wüstengebieten entspringen und diese durchfließen, kommt es zur Ausbildung schmaler, bandartiger Oasen. Der längste unter ihnen ist der rund 6700 Kilometer lange Nil, der im Herzen Äquatorialafrikas entspringt, wo er von starken tropischen Regenfällen gespeist wird, und durch den Ostteil der Sahara ins Mittelmeer fließt. Der Barada, ein wesentlich kürzerer Fluß, entspringt im Antilibanon, fließt in die syrische Wüste hinab und versickert in einem großen sumpfigen See in nur 80 Kilometer Entfernung von seiner Quelle. Trotz seiner geringen Länge transportiert der Barada genug Wasser, um die Bevölkerung von Damaskus, rund eine Million Menschen, mit Wasser zu versorgen.

In nur wenigen Kilometern Entfernung von diesen Wasservorkommen erweist sich die für eine Wüste typische Trockenheit – zusammen mit der großen Hitze, die für die meisten Wüsten charakteristisch ist – als ausgesprochen lebensbedrohend für den Menschen. Ein Mensch, der ohne Wasser und ohne Schutz der Wüstenhitze ausgesetzt ist, hat eine Überlebenszeit von nur wenigen Stunden. Im Sommer werden zwischen Sonnenaufgang und Sonnenuntergang rund vier Liter Wasser als Schweiß abgegeben. Wenn das auf diese Weise verlorene Wasser nicht ersetzt wird, gibt der Körper Wasser ab, das in Fett und Gewebe gespeichert ist, ja sogar das im

Säulenartige Saguaro-Kakteen erheben sich aus einer ungewöhnlichen Schneedecke am Gates-Paß, 967 Meter über dem Meer in der Sonora-Wüste westlich von Tucson,

Arizona. Die Temperaturen im Bereich der Sonora-Wüste reichen von unter dem Gefrierpunkt im Winter bis an die 50°C im Hochsommer.

Blut selbst enthaltene Wasser. Das Blut wird dickflüssiger und verliert daher die Fähigkeit, lebenswichtige Organe zu kühlen. Überdies versagen die Schweißdrüsen wegen Überbeanspruchung und Sonnenbrand, so daß schließlich hohes Fieber, Delirium und Kreislaufversagen zum Tode führen. So blieb in der Sahara vor einigen Jahren an einem Augusttag ein Ehepaar, das auf dem Wege zu einer Oase war, wegen Benzinmangels 15 Kilometer vor seinem Bestimmungsort liegen. Der Mann machte sich auf, um Hilfe zu holen, und ließ seine Frau zurück. Als er nur fünf Stunden später wiederkam, war sie verdurstet.

Da im Wüstenklima nur sehr wenig Wasserdampf in der Luft enthalten ist, der normalerweise den Boden vor der vollen Stärke der Sonnenstrahlung schützen oder die absorbierte Sonnenstrahlung zurückhalten würde, folgen in den meisten Trockengebieten auf heiße Tage kalte Nächte. Die Lufttemperatur in den Heißwüsten übersteigt oft 40° C. Die höchste je verzeichnete Temperatur, 57° C, wurde am 13. September 1922 in der Stadt Azizia in der libyschen Sahara gemessen. Der amerikanische Rekord wurde im Tal des Todes in Kalifornien verzeichnet, einem Teil der Mojave-Wüste, wo im Juli 1913 eine Temperatur von 56,7° C gemessen wurde. Die Temperaturen am Erdboden oder in geringer Höhe darüber sind noch beträchtlich höher – manchmal um bis zu 28° C *(S. 107)*.

Der von der Sonne erwärmte Oberflächenbereich der Wüste ist im allgemeinen jedoch nur wenig mächtig, da die trockenen Materialien des Wüstenbodens schlechte Wärmeleiter sind. Dadurch wird die aufgenommene Wärme bei Nacht schnell wieder abgestrahlt und entweicht wegen der im allgemeinen geringen Feuchtigkeit in höhere Luftschichten, ohne die unteren Luftschichten zu erwärmen. Als Folge davon sind die Nächte nach extrem heißen Tagen außerordentlich kalt. Die niedrigste jemals in der Sahara verzeichnete Temperatur, die nicht weit vom absoluten Temperaturhöchstrekord gemessen wurde, beträgt −6,7° C.

So paradox es erscheinen mag, die Wüste verdankt ihre Gestalt im wesentlichen dem Wasser. Es kann als Regen, Schnee oder sogar Tau fallen. In Avdat, in der israelischen Negev-Wüste, beträgt der durchschnittliche jährliche Niederschlag weniger als 80 Millimeter pro Jahr. In 175 Nächten jedoch sinkt die Temperatur so weit ab, daß sich Tau bilden kann, wodurch etwa weitere 25 Millimeter Niederschlag im Jahresmittel hinzukommen. Wie gering die Menge auch sein mag, Wasser in seinen verschiedenen Formen ist praktisch an jedem Stadium des langen Prozesses beteiligt, durch den ein Gebirge zu großen Felsbrocken zertrümmert wird, die dann zu Schutt zerfallen und schließlich zu Sand und Staub zermahlen werden. Dieser Vorgang beginnt mit der Verwitterung – der Zerstörung von Gestein durch chemische und physikalische Vorgänge.

Über einen längeren Zeitraum sickert Wasser in regelmäßigen Abständen in die winzigen Haarrisse fester Gesteine ein und zerstört diese auf vielfältige Weise. Einige der im Gestein enthaltenen mineralischen Bestandteile lösen sich, wodurch eine ständig zunehmende Zermürbung des Gesteins eintritt. Andere Mineralien gehen mit dem Wasser Verbindungen ein, die weicher als die Ausgangsmaterialien sind und daher leichter zerfallen. Salze, die Wasser aufnehmen, dehnen sich aus und üben auf das umgebende Gestein Druck aus. Wenn sich das Gestein stark erwärmt, verdunstet das Wasser, und die Salze kristallisieren aus; dies hat wiederum eine Volumenverminderung zur Folge. Im Laufe der Zeit schaffen diese ständigen kleinräumigen Volumenveränderungen ein kompliziertes System winziger Bröckelhöhlen im Gestein. Das bekannteste Beispiel für diese sogenannte Wabenverwitterung ist wohl das Antlitz der Sphinx.

Mit einer anderen Art der Verwitterung ist ein Phänomen verbunden, das zu einer Reihe von Wüstenlegenden geführt hat. Alonzo Pond, ein Kollege des berühmten Forschers Roy Chapman Andrews, hörte in der Sahara eine solche Legende. Er saß eines Tages auf einer hohen Spitzkuppe und unterhielt sich mit einem Wüstenscheich. Pond fragte, ob an dem Berg irgend etwas Besonderes sei. „Ja", erwiderte der Scheich, „er knallt manchmal. Es ist laut wie ein Gewehrschuß." Fasziniert wollte Pond wissen, wann sich derartiges zutrage. „Oh, im

Das Wunder der Oasen – Wasser in der Wüste

Oasen sind die Wunder der Wüste, denn sie liefern Wasser, wo man keine Quelle vermutet, und machen kleinere Gebiete eines sonst lebensfeindlichen Landstriches fruchtbar. Tatsächlich aber ist keine Wüste vollständig trocken. Wie die Existenz von Oasen zeigt, gibt es vielerorts Grundwasservorkommen. Sie werden genährt von Regen- und Schneefällen in höher gelegenen Gebieten, die sich in der Nähe oder Hunderte von Kilometern entfernt befinden. Ein großer Teil dieser Niederschläge verdunstet oder wird Flüssen zugeführt, aber eine bestimmte Wassermenge versickert früher oder später und gelangt in poröse Gesteinsschichten, die als Aquifer oder Grundwasserleiter bezeichnet werden.

Aus dieser Schicht kann das stets der Schwerkraft folgende Grundwasser auf verschiedene Weise wieder an die Oberfläche gelangen. Entlang einer Verwerfung des Grundwasserleiters kann undurchlässiges Gestein *(unten links)* den Grundwasserstrom hemmen. Das Wasser wird dann entlang der Verwerfungsfläche zur Oberfläche gedrückt. In anderen Fällen kann die Wüstenoberfläche durch Erosion so weit abgetragen werden, daß ein sogenannter freier Grundwasserspiegel entsteht, wie z. B. im Kern einer Depression *(unten rechts)*. Je nach ihrer Zahl und Stärke können solche Schichtquellen mehr oder minder große Flächen in grüne Zufluchtsorte verwandeln.

Eine Wüstenoase am Gebirgsrand des Altyn-tagh in Nordwestchina lebt von Quellen, die aus Regenfällen über dem entfernten Berghang gespeist werden.

Niederschläge, die auf der Luvseite eines Gebirges fallen, versickern im Boden und gelangen in eine poröse Gesteinsschicht, die als Grundwasserleiter geeignet ist *(punktierte Schicht)*. Das Wasser fließt in Richtung der Schichtneigung, bis es entlang einer Verwerfung *(rechts)* von undurchlässigem Gestein gestaut wird und schließlich an die Oberfläche gelangt.

Oasen sind auch in Depressionen – durch Winderosion entstandene Einsenkungen – anzutreffen *(rechts)*, wenn deren Sohlen tiefer liegen als die Niederschlagszonen *(oben links)*. Der Grundwasserstrom im wasserführenden unteren Teil der porösen Gesteinsschicht *(blau)* folgt deren Neigung, bis er die Oberfläche schneidet und als Schichtquelle zutage tritt.

Nach einem Regenfall erblühen widerstandsfähige Wüstenpflanzen aus den Rissen im Bett eines zeitweise wasserführenden Sees in der Atacama-Wüste Nordchiles. Beim Austrocknen des Sees zieht sich der Schlamm zusammen und zerbricht in unregelmäßige, durch tiefe Schrumpfrisse getrennte Platten.

allgemeinen knallt es im Herbst, wenn die Hitze des Sommers vergangen ist. Es knallt jedoch nicht jedes Jahr, sondern nur, wenn sich etwas Wichtiges ereignet."

Es ist der Wissenschaft bisher nicht gelungen, zwischen dem Knallen der Felsen und wichtigen Ereignissen eine Beziehung zu entdecken; sie hat jedoch erklären können, welche Ursachen für den gewehrschußähnlichen Knall verantwortlich sind, mit denen eine Zertrümmerung des Gesteins verbunden ist. Ausgeprägte Temperaturunterschiede zwischen Tag und Nacht bewirken, daß sich die Gesteinsoberfläche abwechselnd ausdehnt und zusammenzieht. Die wiederholten und unregelmäßigen Volumenveränderungen erzeugen in der Gesteinsoberfläche Spannungen, die sich von Zeit zu Zeit durch ein explosionsartiges Bersten des Gesteins lösen. Zahlreiche Wüstenreisende haben von derartigen knallenden Geräuschen berichtet, aber selten gibt es zuverlässige Zeugnisse.

Uwe George, ein deutscher Naturforscher, der in den sechziger und siebziger Jahren unseres Jahrhunderts zahlreiche Expeditionen in die Sahara durchgeführt hat, beschrieb ein solches Erlebnis. Er saß an einem heißen Sommertag in der Nähe eines etwa ein Meter großen Felsblockes. „Plötzlich gab es einen lauten Knall, als ob man eine Kanone abgefeuert hätte, und der Felsblock zerfiel in zahlreiche Trümmer. Kurz zuvor hatte ein heftiger Regenguß die Oberfläche des Steines so rasch abgekühlt, daß sich an der Oberfläche Dampf gebildet hatte."

Ein weiterer Faktor bei der Gesteinszertrümmerung ist das Eis, und zwar auch in heißen, subtropischen Wüsten. In Teilen des Negev fällt die Temperatur an mindestens zwölf Tagen jährlich unter den Gefrierpunkt. In den kalten Wüsten höherer Breitengrade gibt es natürlich weit längere Frostperioden. Auf dem trockenen Colorado-Plateau im südlichen Utah sind Temperaturen unter −30° C durchaus nicht ungewöhnlich, und der Tarim, der durch die Wüste Takla-Makan in

China fließt, ist während des Winters häufig vollständig mit Eis bedeckt. Unter derartigen Bedingungen gefriert das in die Gesteinsrisse einsickernde Wasser und dehnt sich dabei aus, wodurch die Spalten sich vergrößern. Wenn das Eis schmilzt, sickert das Wasser noch tiefer in die nunmehr vergrößerten Spalten ein, wo es dann ebenfalls wieder gefriert. Durch dieses wiederholte Gefrieren und Auftauen zerfällt im Verlauf vieler Winter das Gestein in kleine Teile.

Herausgelöste Felsbrocken wirken wiederum physikalisch auf andere Felsen ein, wenn sie von höher gelegenem Gelände herunterstürzen und dabei weiteres Gestein zertrümmern. Diese Trümmer sammeln sich oft am Fuß der Erhebungen als Schutthalden mit steilen Böschungswinkeln an. Im gleichen Maße, wie die Schwerkraft und das ablaufende Wasser nach plötzlichen starken Regenfällen, den sogenannten Ruckregen, die Trümmer abwärts bewegen und wegtransportieren, werden die Schutthalden von oben ständig mit neuem Verwitterungsmaterial aufgefüllt. Bei weit fortgeschrittener Verwitterung bleibt oft von einem ursprünglichen Hochland nur noch zertrümmertes Gestein übrig.

Wenn ein Gebirge auf diese Weise abgetragen und zu Schuttsediment zertrümmert ist, werden die Überreste von Wind und Wasser weiter erodiert. Der Oberflächenabfluß dieser heftigen Ruckregen schneidet im allgemeinen geradlinige Fließrinnen in die Wüstenoberfläche ein. Diese Rinnen werden im amerikanischen Westen und in Südamerika als Arroyos und in Nordafrika und im Nahen Osten als Wadis bezeichnet. Da die nur spärliche Wüstenvegetation das Abfließen des Wassers kaum hemmt, bilden sich reißende Ströme. Erfahrene Wüstenreisende kampieren deshalb unter keinen Umständen in einem Arroyo oder Wadi, denn es kann passieren, daß man ohne irgendeine Vorwarnung durch Regen, Donner oder Blitz von einer Flutwelle erfaßt wird. Den einzigen Hinweis darauf, daß irgendwo in weiter Ferne ein kräftiger Platzregen eine Sturzflut ausgelöst hat, gibt vielleicht das donnernde Geräusch einer sich nähernden Wasserwand.

Die abfließenden Wassermassen schieben beträchtliche Mengen Geröll mit sich, darunter ganze Felsbrocken. (Nach der Schätzung einiger Geologen ist im Verlauf von 60 Millionen Jahren vom Colorado-Plateau eine dreieinhalb Kilometer dicke Gesteinsschicht durch Erosion abgetragen worden.) Dort, wo sich die Fließgeschwindigkeit des Wassers verlangsamt, setzen sich die mitgeführten Teile allmählich ab, die schwersten zuerst. Fließrinnen, die von einer Hochfläche durch hartes Gestein zu einer Ebene oder zu einem Tal führen, nehmen allmählich parallel zur Gefälleverminderung an Tiefe ab, bis sie vollständig verschwinden. Am Ende der

Einer der geheimnisvollen „wandernden Steine" im kalifornischen Tal des Todes hinterläßt eine verräterische Spur im Bett eines ausgetrockneten Sees. Zwar hat niemand sie je in Bewegung gesehen, doch glaubt man, daß die Blöcke – von denen einige mehrere hundert Kilogramm wiegen – kurz nach einem der seltenen Regenfälle, wenn der ausgetrocknete Schlammboden vorübergehend naß und schlüpfrig ist, von starken Winden fortbewegt werden.

Rinnen breitet sich das Wasser fächerförmig aus; dabei führt es Kies, Sand und anderes Feinmaterial mit sich. Wo dieses Material sich absetzt, bildet es einen Schlammfächer. Wenn mehrere Fließrinnen unmittelbar nebeneinander ein Hochland zerschneiden, überlagern sich ihre Schlammfächer und gehen schließlich in eine Bajade über – eine fast geschlossene Fläche aus abgelagerten Kiesen, Sanden und feineren Komponenten am Fuß des Hochlandes.

Eine andere typische Erscheinung der Wüste ist ein Berg, der sich steil aus einem ihn umgebenden Pediment erhebt. Diese Fußfläche, die der Form nach einer Bajade ähnlich ist, besteht jedoch nicht aus angeschwemmtem Material, sondern aus anstehendem Gestein. Es ist unter Geologen immer noch umstritten, ob solche Pedimente auf mäandrierende, unregelmäßig fließende Bäche und Flüsse zurückgehen oder auf Schichtfluten nach Ruckregen.

In Trockenwüsten, wo die Verdunstungsmenge die Niederschlagsmenge bei weitem übertrifft, treten häufig Playas auf, weite Salztonebenen, auf denen sich nur nach heftigen Regenfällen vorübergehend seichte Seen bilden. Im Winter, wenn die Verdunstung geringer ist, kann sich ein solcher See bis zu einem Monat lang halten, im Sommer jedoch verschwindet er gewöhnlich innerhalb einer Woche. Das verdunstende Wasser hinterläßt Ablagerungen aus Ton, Schluff oder Salz, die sich allmählich zu einer mächtigen, ebenen Schicht akkumulieren. Das Gefälle beträgt nicht mehr als 40 bis 60 Zentimeter pro Kilometer. Dies bedeutet, daß die Playas die ebenste Landschaftsform der Erde sind.

Die Oberfläche einer mit Natriumchlorid – gewöhnlichem Kochsalz – oder Calciumcarbonat bedeckten Playa ist fest genug, um Autos, Lastwagen und sogar landende Raumfahrzeuge zu tragen. Rogers Lake, eine 170 Quadratkilometer große Salztonebene in der Mojave-Wüste, diente der amerikanischen Raumfähre als Landebahn. Wenn eine Playa jedoch mit Ton oder Schluff verkrustet ist und dann austrocknet, bilden sich an der Oberfläche tiefe Risse, die sich überschneiden und meist fünfseitige Polygone bilden. Einige dieser Vielecke haben riesige Ausmaße. Sie weisen einen Durchmesser von bis zu 80 Metern auf, und die Risse können viereinhalb Meter tief und einen Meter breit sein.

Über den Salztonebenen erheben sich Inseln aus Fels, und vom terrassenförmigen Ufer dieser ausgetrockneten Seen springen Halbinseln zur Mitte hin vor. Diese Formen bildeten sich vor Tausenden von Jahren heraus, als die von Salztonebenen eingenommenen Becken noch permanente Seen waren. Während der Eiszeit, die vor zweieinhalb Millionen Jahren begann und ungefähr bis vor 10 000 Jahren andauerte, erstreckten sich die Gletscher auf der Nordhalbkugel in den Vereinigten Staaten bis auf die Breite von Cincinnati in Ohio und in Mitteleuropa bis an den Rand der Mittelgebirge. Südlich der vergletscherten Gebiete, also dort, wo sich heute Wüsten befinden, herrschte kühleres und regnerisches Klima. Die Südhalbkugel erlebte eine ähnliche Kälteperiode, und selbst am Äquator lagen die Temperaturen um einige Grade niedriger als heute. Starke Regenfälle und eine geringere Verdunstungsrate verursachten die Bildung gewaltiger Seen. Lake Bonneville in Utah nahm beispielsweise eine Fläche von 50 000 Quadratkilometern ein und erreichte Tiefen von 300 Metern und mehr; er glich damit dem heutigen Michigansee. Als sich die Gletscher am Ende der letzten Eiszeit langsam nordwärts zurückzogen, setzte sich im Westen der Vereinigten Staaten ein wärmeres und trockeneres Klima durch, und Lake Bonneville begann allmählich zu schrumpfen. Heute ist von ihm nur noch der 2500 Quadratkilometer bedeckende Große Salzsee übrig. Auch dieser könnte schließlich als ganzjähriger See verschwinden, falls das Klima noch trockener werden sollte.

Der Wind ist die zweite Naturkraft, der die Wüste ihre Gestalt verdankt. In Trockengebieten ist seine erodierende Wirkung weitaus größer als in feuchten Regionen, weil die Luftströmung von der spärlichen Vegetation kaum abgeschwächt wird und weil nur wenig Wasser zur Verfügung steht, das kleine Partikel zu einer zusammenhängenden Masse verbinden könnte, die dem Wind größeren Widerstand bieten würde. Der Schleifwirkung eines heftigen, mit Sand befrachte-

Der wegen seiner Form das „Große Ohr" genannte Lop-nor, ein ausgedehntes Gewirr von Wasserflächen, Schilfdickichten und Sümpfen am Rand der Wüste Takla-Makan in der chinesischen autonomen Region Sinkiang, erscheint auf dieser Satellitenphotographie als eine Serie konzentrischer Uferlinien. Während sich im nördlichen Teil des Lop-nor ein See gehalten hat, trocknet der südliche aus. Die Verdunstung hat einen an seiner hellen Farbe erkennbaren Rückstand von Salz zurückgelassen. Restflächen von Sumpf und Wasser erscheinen in dunklen Tönen.

Nach einem Wolkenbruch donnert ein Wasserfall über die terrassierten Canyonwände des Little Colorado bei Grand Falls, Arizona. Solche Sturzfluten, die alles mit sich

reißen, transportieren enorme Mengen Ton und Gesteinsschutt und hinterlassen eine Landschaft mit bizarren Erosionsformen.

ten Wüstenwindes vermag nichts zu widerstehen. Als Uwe George einmal mit anderen Forschern die Sahara durchquerte, geriet die Gruppe in einen Sandsturm, der Orkanstärke erreichte. Nach zwei Tagen war der Lack ihrer Autos abgeschliffen, und die Windschutzscheiben waren so zerkratzt, daß die Fahrer nicht mehr hindurchsehen konnten und das Glas herausschlagen mußten.

Gestein wird in charakteristischer Weise durch sandtragenden Wind geformt. In zahlreichen Wüsten finden sich Felsen, die ihr eigenartiges Aussehen dem Wind verdanken – dem jahrhundertelangen Zusammenwirken von Abschleifung (Korrasion) und Ausblasung (Deflation). Anstehender Sandstein oder andere weiche Sedimentgesteine – ja sogar harter Granit – werden zu sogenannten Yardangs geformt, stromlinienförmigen Gebilden, die manchmal Ähnlichkeit mit kieloben liegenden Bootsrümpfen haben. Yardangs findet man in Größen von wenigen Zentimetern bis zu etwa 800 Metern. Sie erheben sich bis zu 180 Meter über das umgebende Gestein und erstrecken sich stets in Richtung des vorherrschenden Windes. Wenn sie in Scharen auftreten, sehen sie wie eine Flotte von Booten aus, die man auf den Strand gezogen hat. Durch den wie ein Sandstrahlgebläse wirkenden Wind werden in die Oberfläche weicher Gesteine tiefe Furchen eingeschnitten. Auf Satellitenphotos des Tibesti-Massivs, das sich von Libyen südwärts bis in den Tschad hinein erstreckt, lassen sich zahlreiche steilwandige Rinnen von rund 500 Metern Breite erkennen, von denen einige mit Sanddünen

Zwei ungewöhnlich geformte Gesteinsblöcke, Yardangs genannt, sind den Winden der Sahara ausgesetzt (*Vordergrund*). Je nach Art des Windes und der Gesteinshärte erhalten diese Kalkablagerungen durch Erosion die unterschiedlichsten Formen.

gefüllt sind. Diese Rinnen, die sich über eine Fläche von 90 000 Quadratkilometern erstrecken, verlaufen parallel zur vorherrschenden Windrichtung, die sich im Verlauf des Gebirgszuges geringfügig ändert, von Norden nach Osten.

Manchmal wirken Wasser und Wind zusammen auf das Gestein ein, so daß Oberflächen entstehen, die man nur in der Wüste findet. Dazu gehört der sogenannte Wüstenlack, eine bräunliche oder schwarze Mineralkruste, die völlig unterschiedlichen Gesteinen ein ähnliches Aussehen verleiht. Der ein bis zwei Millimeter starke Wüstenlack wird, wie man annimmt, aus im Gestein vorhandenen Eisen- und Manganoxiden gebildet. Durch kapillares Aufsteigen des von Regen und Tau stammenden Wassers gelangen die im Wasser gelösten Oxide an die Gesteinsoberfläche und lagern sich dort ab. Die Minerale geben dem Gestein die charakteristische Farbe. Wie lange es dauert, bis sich auf einer Felsoberfläche Wüstenlack bildet, konnte bisher nicht geklärt werden. Die Geologen nehmen jedoch an, daß es sich um einen Zeitraum von 20 000 Jahren handelt.

Durch die vereinte Wirkung von Wind und Wasser entsteht eine weitere Oberflächenform, das Steinpflaster oder arabisch Reg. Es handelt sich dabei um ein Mosaik aus kleinen, kieselsteingroßen Trümmern eines extrem harten Gesteins, wie z. B. Quarzit, das nur langsam verwittert. Das Ausgangsmaterial eines solchen Steinpflasters wird vom Wasser aus hoch gelegenen Gebieten auf den Wüstenboden herabtransportiert, wo es mit Sand, Ton und Schluff vermischt wird. Im Laufe von Jahrtausenden werden die kleinen und leichten Partikel vom Wind ausgeblasen. Als Folge dieser Deflation des Feinmaterials wird der grobe Schutt allmählich immer dichter gepackt, bis sich schließlich eine feste Fläche ergibt, die an Straßenpflaster erinnert. In der Sahara und in der ägyptischen Sinai-Wüste kommen Steinpflaster vor, die sich in öder Monotonie über Zehntausende von Quadratkilometern erstrecken, ohne jegliche Spur von Leben, ohne Abwechslung in ihrer Zusammensetzung und Farbe und ohne Höhenunterschied.

Die feinsten Materialien, die der Wind aus dem Wüstenboden ausweht, sind Staubkörnchen; sie messen nicht mehr als wenige hundertstel Millimeter im Durchmesser. Sie sind so klein, daß sie an ruhigen Tagen von aufsteigender Warmluft in die Höhe getragen werden und sich zu Staubwolken verdichten, die den Himmel verdüstern. Von starken Winden werden diese Teilchen bis in Höhen von mehr als 3000 Metern und über Tausende von Kilometern transportiert. Rötlicher Saharastaub wird auf diese Weise häufig nordwärts über das Mittelmeer geweht und setzt sich schließlich auf den Dächern von Paris oder sogar noch weiter nördlich, in Schweden, ab. In semiariden Gebieten finden sich häufig mächtige, fruchtbare Ablagerungen aus Schluff und Ton, die der Wind aus angrenzenden Wüstengebieten angeweht hat. Derartige Ablagerungen, die als Löß bezeichnet werden, können riesige Gebiete bedecken. In Teilen Nordchinas erreicht der Löß über 200 Meter Mächtigkeit. Das Material stammt aus der Wüste Gobi, und das Lößgebiet nimmt eine Fläche von 780 000 Quadratkilometern ein.

Die schwereren und größeren Sandkörner, die nach der Deflation des leichteren Materials zurückbleiben, werden ebenfalls vom Wind transportiert, jedoch auf andere Weise. Ein durchschnittliches Korn der Mittelsandfraktion ist mindestens zehnmal größer als ein Staub- bzw. Schluffpartikel und kann daher weder so leicht noch so weit fortgeweht werden wie dieses. Unter günstigen Bedingungen und über einen längeren Zeitraum hinweg trägt der Wind den Sand in riesige Dünengebiete, denen die nomadischen Berberstämme der Sahara die Bezeichnung Erg gegeben haben. Der größte Erg der Welt ist die Rub al-Khali – das Leere Viertel. Dieses geschlossene Dünenfeld im Südosten der Arabischen Halbinsel mißt etwa 650 mal 1100 Kilometer. Stellenweise ist das anstehende Gestein nur wenige Zentimeter hoch mit Sand bedeckt, während der Wind an anderen Stellen gewaltige Sandmassen zu Dünen aufgeweht hat, die über 200 Meter hoch sind und Wellenkämme aufweisen, die an eine stürmische See erinnern.

Dünenlandschaften sind für den Menschen äußerst gefährliche Gegenden. Manchmal drückt sich dies schon im Namen aus. So bedeutet beispielsweise Takla-

Makan, der Name für Chinas größte Sandwüste, „der Ort, von dem niemand zurückkehrt". Aber Dünenlandschaften üben wegen ihrer eigenartigen Schönheit auch einen besonderen Reiz aus. Ralph Bagnold, ein britischer Armeeoffizier und Wissenschaftler, der im Jahre 1925 in der Western Desert in Ägypten Dienst tat, war vom Anblick der Dünen fasziniert. „Angesichts der Einfachheit der Form, der exakten Wiederholung und des stets gleichen geometrischen Musters, wie dies im übrigen in der Natur oberhalb der Größenordnung von Kristallen nicht vorkommt, kann der Betrachter immer wieder nur staunen", schrieb er später. „An manchen Stellen bewegen sich unablässig gewaltige Sandmassen, die Millionen von Tonnen wiegen, in regelmäßiger Formation über die Erdoberfläche; sie wachsen und behalten dabei ihre Form, vermehren sich sogar, auf eine Art, die wegen ihrer grotesken Imitation von Lebensvorgängen den phantasievollen Betrachter auf eigenartige Weise beunruhigt. An anderen Stellen wiederum folgt die Anordnung der Dünen einem anderen Muster – sie sind in parallelen Staffeln aufgereiht, Rücken an Rücken in regelmäßiger Abfolge, wie die Zähne einer gigantischen Säge, über Dutzende, ja Hunderte von Kilometern sich hinziehend, ohne Unterbrechung und ohne Richtungswechsel, in einer Landschaft, die so eben ist, daß die Entstehung und Anordnung dieser Dünen mit den örtlichen geographischen Gegebenheiten nichts zu tun haben kann."

Ursprünglich galt Bagnolds Interesse nicht so sehr den Dünen selber, sondern den Überresten alter ägyptischer Kulturen, die er in ihnen zu finden hoffte. Er freundete sich mit einem anderen Offizier an, der sein Interesse an Archälogie teilte, V. C. Holland, und schon bald unternahmen die Männer regelmäßig kurze Vorstöße in die Wüste. Sie hofften, wie Bagnold schrieb, daß „auf diesen weißen Flecken der Landkarte mit ihren weiten Sand- und Felsgebieten noch irgend etwas zu entdecken sei, wenn man nur weiter vorstoßen würde".

Auf ihren Expeditionen bot sich ihnen noch eine andere Art von Abenteuer. Sie testeten Autos in Gegenden, in denen weniger abenteuerlustige Landsleute dies für aussichtslos hielten. Bagnold jedoch entschloß sich, den Wahrheitsgehalt eines Werbeslogans auf die Probe zu stellen, mit dem damals die Ford Motor Company die Vorzüge ihres Modells T anpries: „Keine Steigung zu steil, kein Sand zu tief." Er kam zu dem Ergebnis, daß die Autos durchaus gebrauchstüchtig waren, wenn man auch den Slogan nicht ganz für bare Münze nehmen durfte. Einmal fuhren sie, wie Bagnold berichtete, eine besonders steile Düne hinauf. „Wir bewegten uns wie mit einem Lift in die Höhe, sanft, ohne Erschütterung. Auf einer gelben Wolke schwebten wir hoch und höher. Alle für ein Auto typischen Bewegungen hatten aufgehört; nur der Tachometer zeigte uns an, daß wir uns immer noch mit großer Geschwindigkeit vorwärtsbewegten. Es war fast nicht zu glauben."

Während der zehn Jahre, die Bagnold in Ägypten verbrachte, entwickelte er sich zum eifrigen Erforscher der Formen von Sanddünen und der Bewegungen der Milliarden von Sandkörnern, aus denen eine Düne besteht. Bei seiner Rückkehr nach England drängte er das Imperial College of Science and Technology in London, ihm die Benutzung seiner Laboratorien und Windkanäle zu gestatten. Er hatte vor, sich mit einer Reihe bahnbrechender Experimente zur Erforschung des Zusammenwirkens von Sand und Wind zu beschäftigen.

Bagnold fand heraus, daß der Wind eine bestimmte Geschwindigkeit erreichen muß, die von der Größe der Sandkörner abhängig ist, bis diese auf der Oberfläche zu rollen beginnen. Für eine bestimmte von ihm untersuchte Korngröße betrug die Geschwindigkeit fast 18 Stundenkilometer. Trifft ein rollendes Sandkorn auf ein stationäres, setzt der Aufprall das zweite Korn entweder wie eine Billardkugel in Bewegung oder schleudert es in die Luft. Ein Korn, das mit hoher Geschwindigkeit auf einen Stein oder ein anderes großes Hindernis aufprallt, wird ebenfalls hochgeschleudert. Die Flugbahn des einzelnen Sandkorns ist jedoch im allgemeinen sehr kurz (selbst beim schwersten Sandsturm erreichen die Partikel selten Höhen von mehr als 1,80 Metern), und wenn es wieder zurückfällt, versetzt es anderen Körnern einen unterschiedlich ausgerichteten Bewegungsimpuls, einem Wasser-

Steinpflaster, eine Akkumulation groben Materials, das von Wind und Wasser nicht bewegt werden konnte, bedeckt einen Landstrich in Arizona. Schluff, Sand und Feinkies sind durch Ausblasung oder Deflation (*Schaubild unten*) im Laufe der Zeit entfernt worden. Die Fläche mit dem verbliebenen Gestein ähnelt einer kopfsteingepflasterten Straße. Die Steine bieten Schutz gegen weitere Erosion.

BARCHANE
Barchane oder Sicheldünen weisen mit der sanftgeneigten Seite in die vorherrschende Windrichtung, während die steilen Hänge und scharfen Grate windabgewandt liegen. Barchane sind die beweglichsten aller Dünen. Die hier gezeigten befinden sich in der Vizcaíno-Wüste der Halbinsel Niederkalifornien und wandern bis zu 15 Meter im Jahr.

STERNDÜNEN
Veränderliche Winde aus unterschiedlichen Richtungen können mehrere zusammenhängende Sandrücken mit scharfem Kamm ausbilden, die jeweils als Sicheldünen geformt sind. So entstehen sternförmige Dünen wie die hier gezeigte, die in der Wüste Namib aufgenommen wurde. Wegen der uneinheitlichen Windrichtungen wandern solche Dünen nicht.

SEIFS
Seifs sind Längsdünen, die starker seitlicher Wind besonders schmal und scharfgratig werden läßt. Seif, das arabische Wort für Schwert, kennzeichnet treffend ihre parallel zur vorherrschenden Windrichtung verlaufende Form, wie sie diese über der Western Desert in Ägypten entstandene Luftaufnahme zeigt. Die auffälligen Windungen erklären sich aus leichten Schwankungen der Windrichtung.

LÄNGSDÜNEN
Reihen parallel verlaufender, mit Sträuchern gesprenkelter Dünenwälle erstrecken sich in der australischen Simpson-Wüste bis zum Horizont. Diese gerundeten Dünen erreichen bisweilen Längen von 300 Kilometern. Sie werden von starken, gleichmäßigen Winden gebildet, die tiefe Furchen in die Wüstenoberfläche schneiden und den Sand zu beiden Seiten in symmetrischen Wällen aufschütten.

spritzer vergleichbar. Wenn der Wind stetig weht, ist die erdnahe Luft bald mit hochgeschleuderten Sandkörnern angefüllt, während die größeren Partikel vom Wind an der Oberfläche entlanggetrieben werden

Wenn der Luftstrom, der die Sandkörner transportiert, auf ein Hindernis, z. B. einen großen Felsen, eine Pflanze oder selbst nur eine kleine Unregelmäßigkeit im anstehenden Gestein, stößt, wird er gestört. Vor dem Hindernis und noch stärker hinter ihm vermindert sich die Windgeschwindigkeit augenblicklich. In diesen beiden Taschen langsam fließender Luft setzen sich Sandkörner ab und häufen sich auf. Die hinter dem Hindernis liegende Ablagerung ist zunächst die größere der beiden, bald jedoch wachsen sie zu einer Erhebung zusammen, womit die Bildung einer Düne ihren Anfang nimmt. Während ihres Wachstums ist die Form der Düne von der Geschwindigkeit und der Stetigkeit des Windes und zuweilen auch von der Menge des transportierten Sandes abhängig.

Wo die Windrichtung im allgemeinen konstant und die Sandmenge mäßig ist, nimmt die Düne Sichelform an; dieser Typ wird als Barchan bezeichnet. Die Spitzen der Sichel weisen in die Richtung, in die der Wind weht, und sind niedriger als der Mittelteil, an dem die Luftströmung am stärksten gebremst wird und der Sand sich infolgedessen in größerer Menge absetzt. Ist eine große Sandmenge vorhanden, erzeugt ein stetig wehender Wind häufig Querdünen, die wie lange, gerade Meereswellen aussehen. Sie haben rechtwinklig zum Wind verlaufende Kämme und auf der Luvseite sanft geneigte Hänge. Bei gelegentlichen Änderungen der Windrichtung um wenige Grade bilden sich lange Sandwälle aus, die parallel zur Hauptwindrichtung und nicht quer dazu liegen. Diese Dünen können 100 Kilometer lang und Hunderte von Metern hoch werden. Wenn die bewegliche Sandmasse in einer Einsenkung gewissermaßen gefangen ist und der Wind periodisch wechselt, nehmen die Dünen die Form eines Seesterns an. Sie werden als Sterndünen bezeichnet und gelten als die komplizierteste Dünenform *(S. 74)*.

Der luvwärtige Hang einer Düne ist flacher als der leeseitige. Wenn Sandkörner vom Wind in Richtung des Dünenkammes geschoben werden, fallen sie über die Abbruchkante, die dadurch stets schmal und scharf konturiert bleibt. Bei ununterbrochenem Sandtransport wird der Luvhang ständig erodiert. Wenn der Sand auf der Leeseite einen Böschungswinkel erreicht, der steiler als 35 Grad ist, entstehen kleine Lawinen. Dadurch wird wieder ein stabiler Böschungswinkel hergestellt – der größtmögliche Winkel zwischen Dünenhang und Boden, bei dem sich die Sandkörner noch in einer stabilen Lage befinden. Wegen dieses wiederholten Abrutschens von Sand wird die Leeseite auch als Gleitböschung bezeichnet.

Bei ausreichender Windgeschwindigkeit bewegen sich Sandkörner in ununterbrochener Folge hangaufwärts und fallen über den Kamm nach unten. Die kleineren Körner bewegen sich schneller als die größeren, die sich vermehrt auf dem Luvhang absetzen. Dieser Hang ist wegen der Windwirkung auch dichter gepackt und oft stabil genug, um Lastwagen zu tragen. Die Düne selbst ist jedoch in steter Bewegung begriffen: Körnchen für Körnchen wird ihr Material ständig umgelagert und schließlich ganz vom Dünenkörper weggetragen.

Doch obwohl sich die einzelnen Sandkörner ständig weiterbewegen, behält die Düne ihre Form bei. Sie rückt im ganzen langsam mit dem Wind vorwärts. Im allgemeinen bewegen sich Dünen mit der kaum wahrnehmbaren Geschwindigkeit von drei Metern pro Jahr, doch wo starke und stetige Winde auftreten, kann die Vorwärtsbewegung einer Düne auch bis zu 30 Zentimeter pro Tag betragen.

Die Sandbewegung ist auch für ein anderes seltsames Wüstenphänomen verantwortlich – das der singenden Dünen. Während seiner Reise durch ein Dünenfeld in der Wüste Takla-Makan wurde diese Erscheinung von Marco Polo beschrieben: „Man bildet sich oft ein, die Klänge zahlreicher Instrumente zu hören", schrieb er in sein Tagebuch, „es klingt wie Trommeln und das Aufeinanderschlagen von Waffen." Auf seiner Durchquerung der Dünen in der südlichen Sahara im Jahre 1974 hörte auch Richard Trench seltsame Geräusche, die ihn an das Dröhnen von Trommeln erinnerten. Ein Kameltreiber seiner Karawane erklärte ihm, dies sei „das

Wie die Satellitenaufnahme rechts zeigt, enden die geriffelten Längsdünen der Wüste Namib abrupt am Fluß Kuiseb. In ihrer Wanderung nach Norden gehemmt, breiten sich die Dünen statt dessen westwärts in den Atlantischen Ozean aus und verändern den Küstenverlauf Südwestafrikas.

Ein vom Sand umgebenes Schiffswrack liefert einen eindrucksvollen Beweis für das Vordringen der Wüste Namib. Der deutsche Frachter *Eduard Bohlen*, der 1912 vor Südwestafrika auf Grund lief, befindet sich heute fast einen Kilometer landeinwärts.

Eine dem Wind ausgesetzte Ebene auf der trockenen Oberfläche des Mars, photographiert von einer *Viking*-Sonde *(Vordergrund)*, zeigt auffallende Ähnlichkeit mit den vollariden Klimazonen der Erde.

Lachen Ruls, des Dschinns der Dünen, der den Reisenden quält, wenn Durst und Angst ihm die Sinne verwirren". Selbst Wissenschaftler wie Ralph Bagnold bezeugen das Auftreten dieser merkwürdigen Geräusche. „Manchmal, besonders an ruhigen Abenden nach einem windigen Tag", berichtete Bagnold, „kommt aus den Dünen, plötzlich und unvermittelt und etliche Minuten lang, ein dumpf dröhnendes Geräusch, das so durchdringend ist, daß man sich bei normaler Lautstärke nur mit Mühe gegenseitig verständigen kann."

Es gelang Bagnold nicht, für dieses Phänomen eine befriedigende Erklärung zu finden, und auch kein anderer hat bisher irgendeinen Unterschied zwischen singenden und schweigenden Dünen feststellen können. Der britische Wissenschaftler H. S. Palmer untersuchte eine singende Düne im westlichen Sinai. Diese Düne sollte, einer lokalen Legende zufolge, vor vielen Jahren ein christliches Kloster unter sich begraben haben. Von Zeit zu Zeit, so glaubt man, wird in dem Kloster ein hölzerner Gong geschlagen, der so laut tönt, daß er die Sandverwehung durchdringt. Palmer untersuchte den Sand dieser Düne und stellte fest, daß er vollständig aus groben Quarzkörnern bestand. Wenn der Sand durch irgendeine Störung, wie z. B. von einem vorüberziehenden Tier oder vom Wind, in Bewegung gesetzt wird, rutscht er in flachen Wellen die Böschung hinab, wie Öl auf einer Glasfläche. Dabei schwillt ein zunächst „tiefes, vibrierendes Stöhnen", wie Palmer es beschreibt, zu einem lauten Dröhnen an, das in dem Moment erstirbt, wenn die Sandströme zur Ruhe kommen. Palmer entdeckte weiterhin, daß die Lautstärke des vom Sand verursachten Geräusches mit der Temperatur des Oberflächensandes zunimmt. Warum jedoch der Sand einer Düne singt, während der anderer, augenscheinlich ähnlicher Dünen stumm ist, bleibt ein Rätsel.

Durch das Studium der Windverhältnisse und Erosionserscheinungen in Ägyptens Western Desert hoffen Geologen Aufschluß über die ähnlich aride und lebensfeindliche Marsoberfläche zu gewinnen.

Die öden Weiten der Wüsten dieser Erde bergen noch zahlreiche weitere Geheimnisse – beispielsweise das Geheimnis ihrer Entstehung, wie die Landschaft davor aussah und welche Entwicklung diese Gebiete nehmen werden. Bei der Suche nach Antworten auf diese komplizierten Fragen müssen unweigerlich weiter ausgreifende Betrachtungen mit einbezogen werden – über die Entstehung und das zukünftige Schicksal unseres Planeten und der auf ihm lebenden Wesen.

Am 19. Juni 1976, fünf Jahre bevor die Raumfähre *Columbia* den Untergrund der Sandfläche von Selima enthüllte, wurde ein Raumfahrzeug mit gedrungenem, unelegantem Rumpf in eine Umlaufbahn geschossen. Es richtete seine Instrumente auf ein vollarides Gebiet, das in vielfacher Hinsicht Ähnlichkeit mit der Western Desert in Ägypten hat. Mehrere Tage machte es Aufnahmen von Flußsystemen, die ins Grundgestein eingekerbt waren, breiten Formationen sichelförmiger Barchane sowie tiefen Rinnen und Yardangs, die der sandbeladene Wind eingegraben hatte. Einen Monat später verließ das dreibeinige Raumfahrzeug seine Umlaufbahn und landete am Fallschirm auf der leblosen Fläche, wo es Nahaufnahmen von äolischen Sandablagerungen, verwittertem Basaltgestein und gewaltigen Sandstürmen machte. Dort blieb es stationiert, um den aufs äußerste gespannten Geologen große Mengen an Informationen zu übermitteln – und zwar über die Wüstenebene Memnonia auf dem Planeten Mars, denn um diese handelte es sich. Detaillierte Vergleiche der von der Marssonde *Viking* gelieferten Daten mit Informationen über die Sahara, die durch Fernerkundung über Satellit und Raumfähre sowie durch Felduntersuchungen gewonnen wurden, liefern immer noch neue wertvolle Erkenntnisse über die geologische Geschichte und die in den Wüstengebieten beider Planeten ablaufenden Prozesse.

DIE WANDERUNG DER TROCKENGEBIETE

Wüsten verlagern sich in berechenbarer Reaktion auf bestimmte geologische und atmosphärische Bedingungen.

Vier Faktoren sind daran beteiligt, daß in bestimmten Gebieten kein Regen fällt. Der beständigste dieser Faktoren ist die globale Zirkulation der Atmosphäre, die im Bereich der Wendekreise, wo ganzjährig Hochdruckzellen mit trockenen Passatwinden vorherrschen, die Bildung von Regenwolken verhindert. Dazu kommen vor den Westküsten kalte Auftriebsströmungen in den Ozeanen. Dadurch sinkt die Lufttemperatur, die Feuchtigkeit kondensiert und fällt als Niederschlag, bevor die Winde das Festland erreichen. Niederschlag in Trokkengebieten kann auch dann ausbleiben, wenn diese Gebiete in zu großer Meeresferne oder im Windschatten von Gebirgen liegen. Die Gebirge zwingen die Winde zum Aufsteigen und durch die Abkühlung zum Abregnen auf der Luvseite.

Nachdem sie die langfristigen Auswirkungen dieser Vorgänge berechnet hatten, konnten Christopher Scotese, ein Geologe an der University of Chicago, und Judith Parrish vom U.S. Geological Survey die Ausbreitung und den Rückgang der Trokkengebiete im Zusammenhang mit den Kontinentalverschiebungen der letzten 65 Millionen Jahre graphisch darstellen. Außerdem sagen sie voraus, daß in den nächsten 100 Millionen Jahren die Erde immer trockener werden wird.

Die Verhältnisse im heutigen Australien können ein Vorbote solcher Entwicklungen sein. In seiner langsamen Nordverlagerung hat die Kontinentmitte gegenwärtig den 30. Grad südlicher Breite überschritten. Hier vereinigen sich die Auswirkungen des Hochdruckgürtels, eines die Niederschläge zurückhaltenden Randgebirges und der Meeresferne des Landesinnern und haben zur Ausbreitung von lebensfeindlichen Wüsten, Halbwüsten und Wüstensteppen über zwei Drittel der Landfläche geführt.

Eine Übersichtskarte der Wüstengebiete der Erde zeigt eine Tendenz zur Konzentration in den Subtropen. Die Tabelle läßt erkennen, daß jede von ihnen das Ergebnis eines oder mehrerer der vier Faktoren ist, die Wüstenbildung verursachen: beständige Hochdrucklagen (HD), kalte ozeanische Auftriebsströmungen (AS), Regenschatten durch Randgebirge (RS) und innerkontinentale Lage (IK).

HD = HOCHDRUCK	1 STURTS STEINIGE WÜSTE **HD IK RS**	6 GOBI **IK**
IK = INNERKONTINENTALE LAGE	2 GROSSE VICTORIA-WÜSTE **HD IK**	7 TAKLA-MAKAN **IK**
AS = AUFTRIEBSSTRÖMUNGEN	3 GIBSON-WÜSTE **HD IK RS**	8 WÜSTE THAR **HD**
RS = REGENSCHATTEN	4 SIMPSON-WÜSTE **HD IK**	9 IRANISCHE WÜSTE **HD IK RS**
	5 GROSSE SANDWÜSTE **HD IK**	10 TIEFLAND VON TURAN **IK**

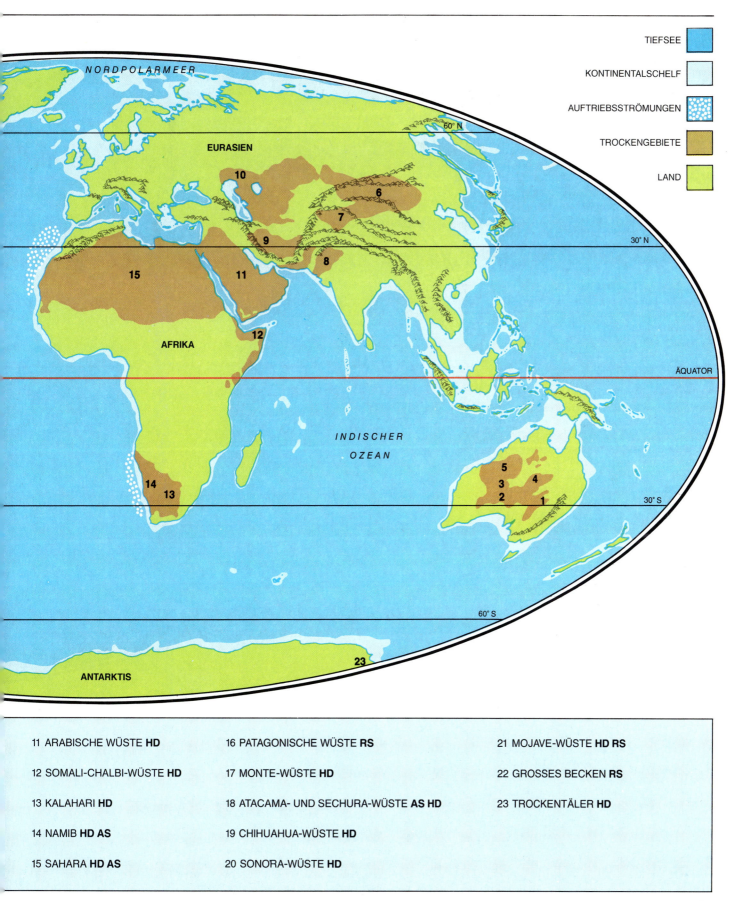

11 ARABISCHE WÜSTE **HD**	16 PATAGONISCHE WÜSTE **RS**	21 MOJAVE-WÜSTE **HD RS**
12 SOMALI-CHALBI-WÜSTE **HD**	17 MONTE-WÜSTE **HD**	22 GROSSES BECKEN **RS**
13 KALAHARI **HD**	18 ATACAMA- UND SECHURA-WÜSTE **AS HD**	23 TROCKENTÄLER **HD**
14 NAMIB **HD AS**	19 CHIHUAHUA-WÜSTE **HD**	
15 SAHARA **HD AS**	20 SONORA-WÜSTE **HD**	

Wind und Wasser als Verbündete

Vor 65 Millionen Jahren waren auf mehreren der Kontinente, die ihre Entstehung dem Auseinanderbrechen des Urkontinents Pangäa verdanken, ausgedehnte Wüsten entstanden. Zwei für ihre Entstehung wichtige Faktoren waren: atmosphärische Hochdruckgürtel über den Subtropen und kalte ozeanische Auftriebsströmungen vor den kontinentalen Küsten.

Die konstanten subtropischen Hochdruckgürtel werden von zwei großen atmosphärischen Konvektionszellen erzeugt, die von tropischer, über der Äquatorregion aufsteigender Warmluft in Gang gehalten werden. In etwa 20 Kilometer Höhe beginnt die abkühlende Luft wieder zu sinken und erreicht, abgelenkt von der Erdrotation, die Oberfläche wieder bei etwa 30 Grad nördlicher bzw. südlicher Breite. Nachdem sie ihre Feuchtigkeit im Abkühlungsprozeß weitgehend abgegeben hat, wird die absinkende Luft durch den Druck der nachströmenden Luftmassen komprimiert und erwärmt. Da diese Luftmassen viel Feuchtigkeit aufnehmen können, fällt kaum Niederschlag. Zudem ist die Verdunstung am Erdboden sehr stark. Diese Breiten sind deshalb durch ein arides Klima gekennzeichnet.

Der Effekt kann entlang den Westküsten subtropischer Landmassen noch dadurch verstärkt werden, daß ablandige Passatwinde ozeanisches Oberflächenwasser seewärts drücken, so daß an seiner Stelle kalte Tiefenwasser aufquellen. Feuchte Meeresluftmassen regnen durch Abkühlung schon über der See ab oder erreichen das ausgedörrte Küstenland allenfalls als dichter Nebel.

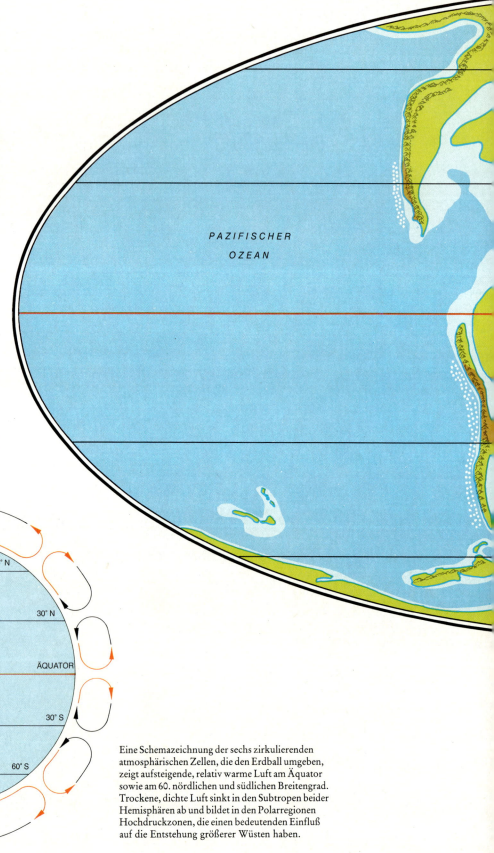

Eine Schemazeichnung der sechs zirkulierenden atmosphärischen Zellen, die den Erdball umgeben, zeigt aufsteigende, relativ warme Luft am Äquator sowie am 60. nördlichen und südlichen Breitengrad. Trockene, dichte Luft sinkt in den Subtropen beider Hemisphären ab und bildet in den Polarregionen Hochdruckzonen, die einen bedeutenden Einfluß auf die Entstehung größerer Wüsten haben.

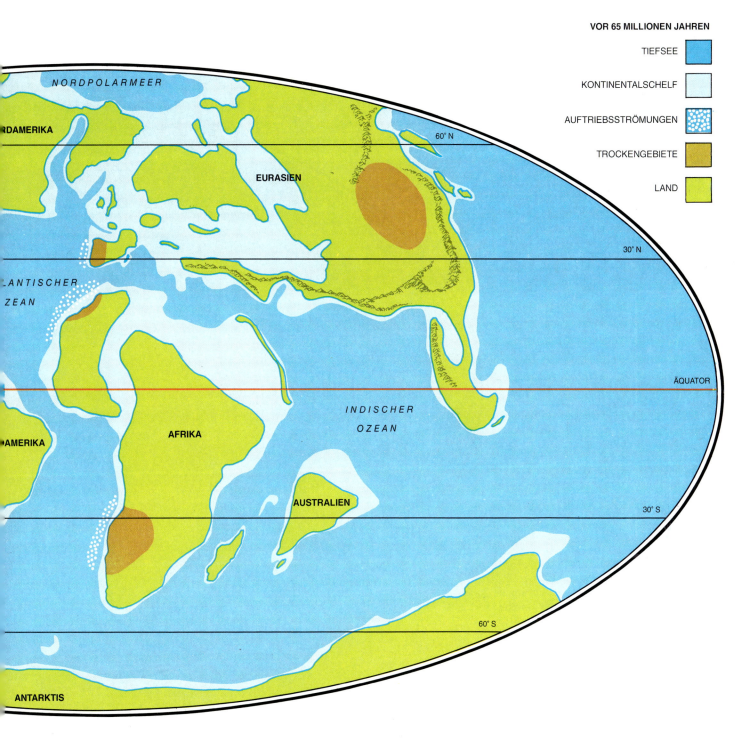

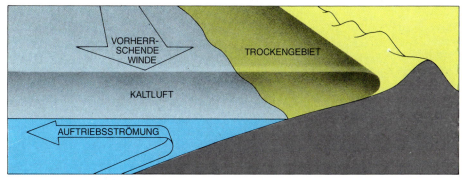

Die zum Äquator zurückströmende Luft erfährt infolge der Erdrotation eine so starke Ablenkung, daß aus Südwinden Westwinde und aus Nordwinden Ostwinde werden. So kommt es entlang den westlichen Kontinentalrändern der subtropischen Zonen zu beständigen ablandigen Winden, die entsprechende ozeanische Oberflächenströmungen antreiben. Der Abfluß wird durch aufquellendes kaltes Tiefenwasser ausgeglichen, das die Meeresoberfläche abkühlt und Nebel verursacht, aber verhindert, daß Niederschläge die Küste erreichen.

Landstriche im Regenschatten

Vor etwa 45 Millionen Jahren begann entlang der Westküste des amerikanischen Doppelkontinents durch Kollisionen tektonischer Platten die Auffaltung gewaltiger neuer Gebirgszüge, die von bedeutendem Einfluß auf die Größe und Lage der amerikanischen Wüsten sein sollte. Die ozeanische Kruste des Pazifik stieß auf die in entgegengesetzter Richtung wandernden kontinentalen Platten und tauchte unter deren Rändern in einem Subduktion genannten Prozeß in den Erdmantel ab, wo sie eingeschmolzen wurde. Die in der Kollision gestauchten Plattenränder, deformierte Sedimente und magmatische Gesteinsschmelze aus dem Erdinnern bauten die Rocky Mountains, die Sierra Madre und die Anden auf. Je stärker und ausgedehnter die Randgebirge durch andauernde Auffaltung und fortgesetzten Vulkanismus wurden, desto vollständiger schirmten sie die kontinentalen Binnenländer gegen feuchte Meeresluftmassen ab. Diese Luftmassen, von den Gebirgsbarrieren zum Aufsteigen gezwungen, kühlten ab, ihre Feuchtigkeit kondensierte und fiel als Niederschlag entlang den westlichen Gebirgen. Nur trockene Luft drang landeinwärts vor. Infolgedessen erreichten die Wüsten der subtropischen Breiten ihre große Ausdehnung: die Patagonische Wüste östlich der Anden, die Wüsten des Hochlands von Mexiko und die nordamerikanischen Wüsten des Großen Beckens, das im Westen von der relativ jungen Sierra Nevada begrenzt wird.

Gebirgsauffaltungen vergrößerten auch die Wüsten Nordafrikas, wirkten sich auf die Landmassen Europas und Asiens jedoch weniger aus. Dort füllte sich in der Kollisionszone zwischen der Afrikanischen und der Eurasischen Platte das wiederholt ausgetrocknete Einbruchsbecken des Mittelmeeres erneut mit Atlantikwasser. Feuchtigkeit von diesem Binnenmeer, von westlichen Winden nach Asien hineingetragen, führte zu einer deutlichen Verringerung der ungeheuren Trockengebiete, die 20 Millionen Jahre zuvor mehr als 5 Millionen Quadratkilometer eingenommen hatten.

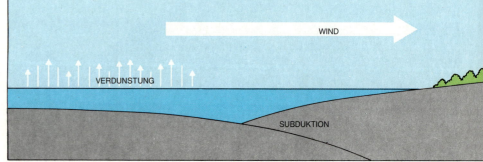

Die Graphik zeigt, wie ein Randgebirge, das durch Subduktion einer tektonischen Platte unter eine andere aufgefaltet wurde, als Barriere für feuchte Meeresluftmassen wirkt. Die feuchte Luft staut sich am Gebirgswall und steigt auf. Niedrige Höhentemperaturen lassen den Wasserdampf zu Niederschlägen kondensieren, die auf der Luvseite des Gebirges niedergehen. Die nun trockene Luft erwärmt sich im Absinken auf der Leeseite, nimmt Verdunstungsfeuchtigkeit auf und hält sie.

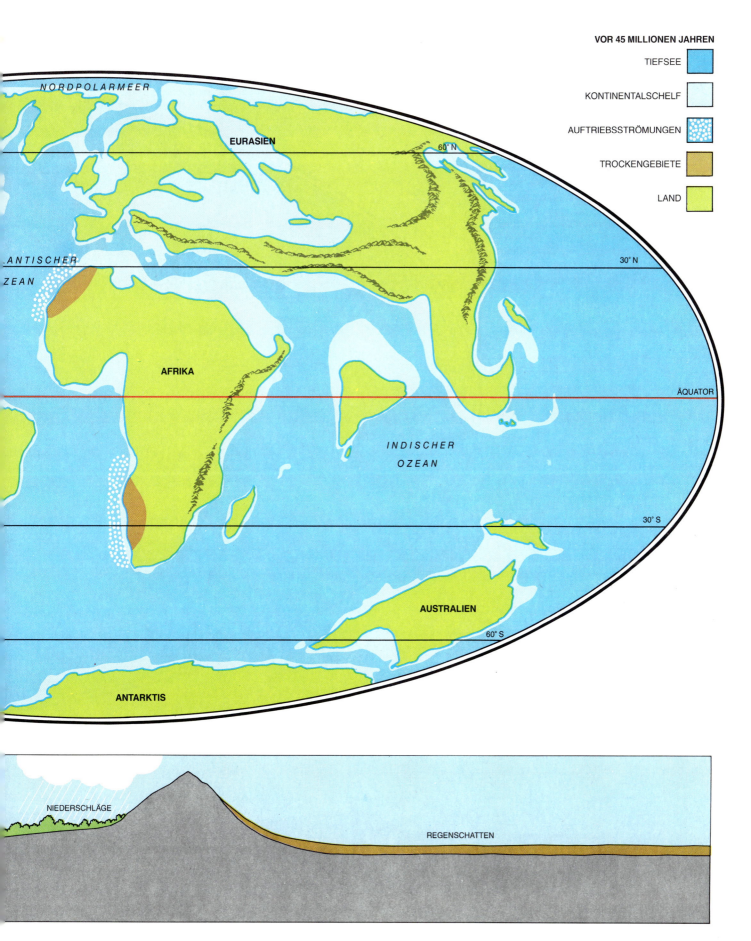

Die innerkontinentale Lage

Indiens 80 Millionen Jahre dauernde Reise von der Antarktis nordostwärts – mit einer Geschwindigkeit von 30 Zentimetern im Jahr – endete vor ungefähr 15 Millionen Jahren in der Kollision des Subkontinents mit Asien. Durch die Hinzufügung dieser großen Landmasse geriet Zentralasien in eine Meeresferne von Tausenden von Kilometern. Damit liegt es jetzt außer Reichweite selbst der mächtigen Sommermonsune, die im Indischen Ozean entstehen und den angrenzenden Ländern alljährlich hohe Niederschlagsmengen bringen. Überdies faltete die gewaltige Kollision der tektonischen Platten entlang ihrer Grenze den hohen Gebirgswall des Himalayas auf und schuf damit eine Barriere, die ein Übergreifen der Monsunregen nach Norden wirksam verhinderte. Das Ergebnis dieser geologischen Ereignisse war die erneute Ausbildung eines riesigen Trockengebietes im Herzen Asiens, das der Vorläufer der heutigen Gobi und all ihrer Nebenwüsten ist.

Ungefähr zur gleichen Zeit wanderte Australien nordwärts in den subtropischen Hochdruckgürtel. Die Größe des Inselkontinents im Verein mit dem Auftreten kalter Auftriebsströmungen vor seiner Westküste machte die Austrocknung unvermeidlich.

In Südamerika hingegen nahm die Fläche der Trockengebiete mit dem Verschwinden der Patagonischen Wüste beträchtlich ab. Zwar sind die Ursachen dieser Entwicklung nicht bekannt, doch wird vermutet, daß eine Periode feuchtwarmen Klimas und die verstärkte Abtragung der südlichen Anden ausreichend feuchte Luftmassen über die Gebirgsbarriere vordringen ließ und zu regelmäßigeren Niederschlägen führte.

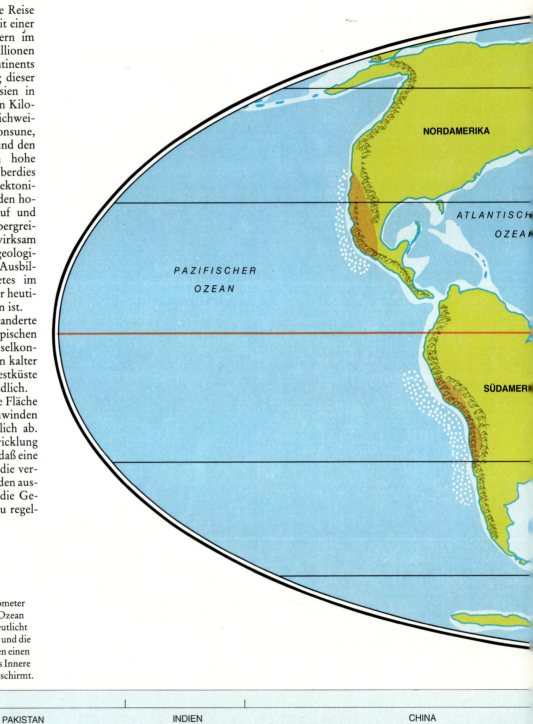

Ein Querschnitt Asiens über rund 7500 Kilometer vom Arabischen Meer bis zum Pazifischen Ozean (auf der Karte oben rot eingezeichnet) verdeutlicht die Meeresferne Innerasiens. Der Himalaya und die Gebirgszüge des Hochlands von Tibet bilden einen 2400 Kilometer breiten Gebirgswall, der das Innere des Kontinents gegen die Monsunregen abschirmt.

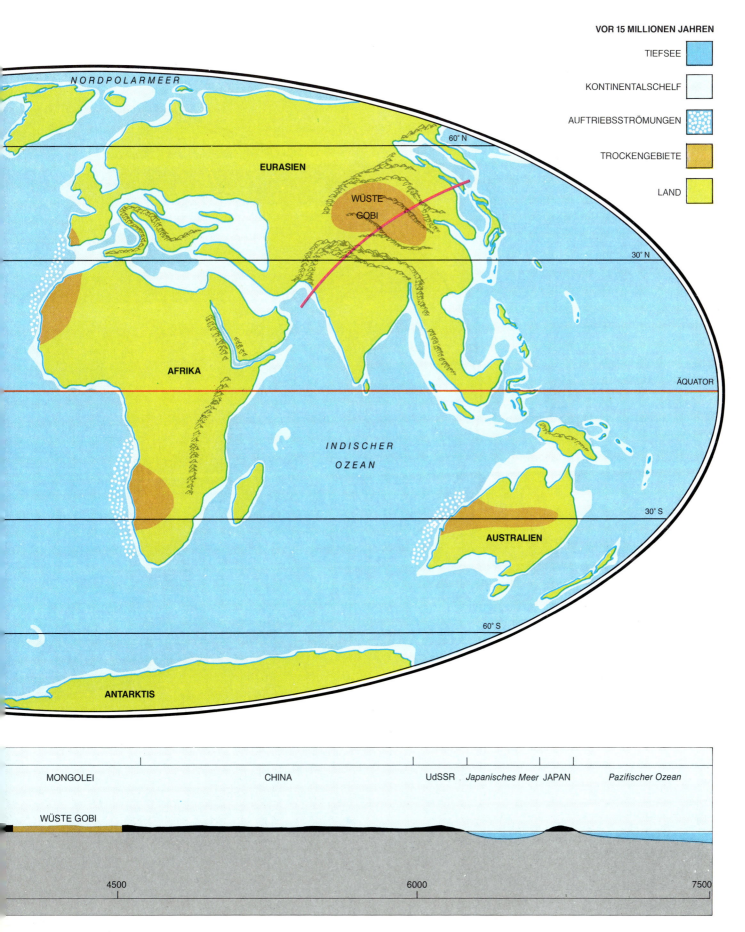

Großwüsten der Zukunft

Nach weiteren 100 Millionen Jahren plattentektonischer Bewegungen wird es auf der Erde riesige Wüstengebiete geben, insbesondere in der nördlichen Hemisphäre. Die Norddrift der Afrikanischen Platte wird eine Kollision mit Europa und Asien zur Folge haben, neue Gebirgsauffaltungen bewirken, das Mittelmeer schließen und eine riesige Landmasse schaffen. Die Ausmaße des neuen Großkontinents, die klimatischen Einflüsse neuer Randgebirge und der Umstand, daß ein Großteil der Landmasse im Bereich des subtropischen Hochdruckgürtels liegen wird, lassen das Entstehen einer transkontinentalen Wüste erwarten. Alle größeren Trockengebiete des heutigen Afrikas, Arabiens und Asiens werden zu einer gigantischen Wüstenregion von vielleicht 10 000 Kilometer Länge und über 1500 Kilometern Breite verschmelzen.

Plattentektonische Bewegungen werden Grönland und Nordamerika vom Nordpolarmeer entfernen und das Einströmen erwärmten Wassers aus südlicheren Breiten begünstigen. Dies wird voraussichtlich zum Abschmelzen der polaren Eiskappe führen und den Meeresspiegel durch Schmelzwasser um rund 200 Meter ansteigen lassen. Als Folge davon werden große Tieflandgebiete, wie das Mississippi- und das Amazonasbekken sowie die Nordeuropäische Tiefebene und Teile des Ostafrikanischen Grabens, überflutet werden.

Mit der Nordverlagerung Südamerikas wird seine Küstenwüste südwärts wandern. Ebenso werden sich Australiens Wüsten in dem Maße nach Norden verlagern, wie der Kontinent südwärts wandert.

Die Vergrößerung der Wüsten in der nördlichen Hemisphäre wird möglicherweise nicht alle Kontinente treffen. Mit der Drehung des nordamerikanischen Kontinents gegen den Uhrzeigersinn wird ein Teil der Westküste durch plattentektonische Bewegungen abgetrennt; zudem wird das Randgebirge der Sierra Nevada bis dahin zu einem Rumpfgebirge abgetragen sein. Damit könnten feuchte Meeresluftmassen zum Großen Becken vordringen und ihm höhere Niederschlagsmengen bescheren.

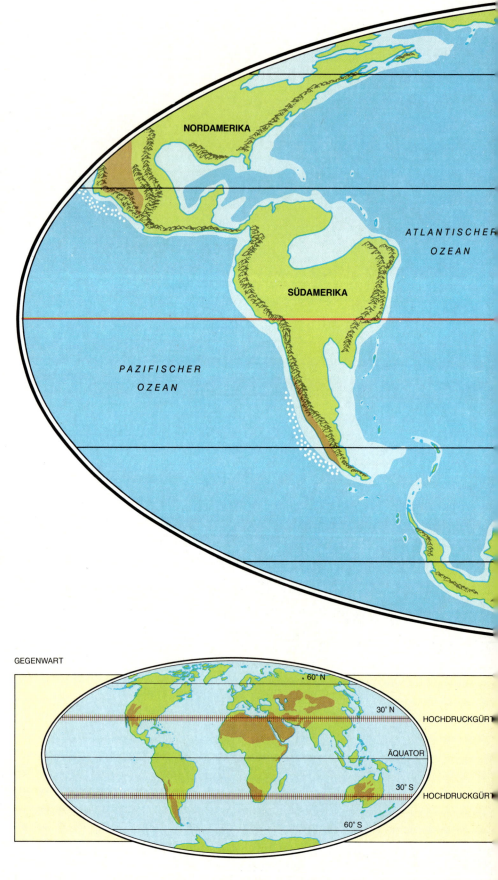

Ein Vergleich der gegenwärtigen Verteilung der Landmassen mit der in 100 Millionen Jahren zeigt deutliche Unterschiede im Bereich der subtropischen Hochdruckgürtel *(rote Streifen)*. Da sich weit mehr Land am 30. Breitengrad befinden wird, erwartet die nördliche Hemisphäre ein kühleres, trockeneres Klima und eine beträchtliche Ausweitung der Wüsten. In der südlichen Hemisphäre wird die Verringerung des kontinentalen bei gleichzeitiger Vergrößerung des ozeanischen Anteils hingegen wohl zu einem Rückgang der Wüsten beitragen.

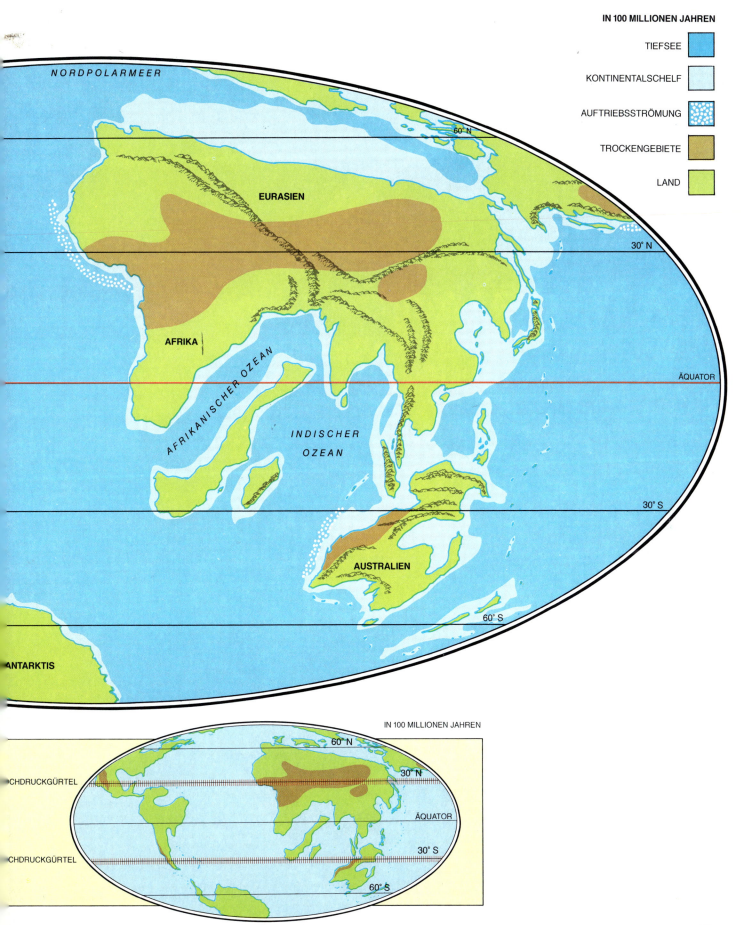

Kapitel 3

ÜBERLEBEN UNTER SENGENDER SONNE

Der berühmte Komiker W. C. Fields, einer der größten Hollywood-Stars der vierziger Jahre, pflegte sein Image als sauertöpfischer Griesgram mit größter Hingabe. Er konnte der Welt nichts Gutes abgewinnen und machte aus seinem ausgeprägten Hang zum Alkohol und seiner ebenso ausgeprägten Abneigung gegen Tiere und Kinder kein Hehl. Es wird jedoch berichtet, daß er mindestens einmal in seinem Leben einen Anflug von Sentimentalität verspürte, der ausgerechnet durch ein Erlebnis im ariden Südwesten der Vereinigten Staaten ausgelöst wurde.

Es war im Frühling, und Fields befand sich auf einem Streifzug in der näheren Umgebung seines damaligen Wohnortes, als er auf eine Wüstenblume stieß, die in prachtvoller Blüte stand. Der völlig überraschte Fields war hingerissen von ihrer Schönheit und wollte das Erlebnis unbedingt mit jemandem teilen. Er rief seinen Agenten in Los Angeles an und bestand darauf, daß der Mann alles stehen und liegen lassen, sich ins Auto setzen und einige hundert Kilometer fahren solle, um, wie Fields sich ausdrückte, „etwas wirklich Eindrucksvolles" zu sehen. Fields' Agent traf am nächsten Tag ein, und trotz seiner Müdigkeit mußte er sofort mit hinaus in die Wüste, um die Wunderblume anzusehen. Doch als sie an der Stelle angekommen waren, konnte Fields keine Blume finden; alles, was sie sahen, war eine schmucklose, schlichte Pflanze. Voller Zorn über die Niedertracht der Blume nahm Fields seinen Spazierstock, schlug auf die Pflanze ein und schrie: „Willst du wohl blühen, du verdammtes Luder!"

Fields, selbst ein Meister in der Wahl des richtigen Zeitpunkts, wurde seinerseits das Opfer einer anderen Art von „Zeitplanung": Zahlreiche in der Wüste lebende Organismen sind nämlich ephemerer Natur, was ihnen das Überleben erleichtert. Ephemere Pflanzen blühen bei intermittierend auftretenden Regenfällen nur einen Tag lang oder etwas länger. Diese Überlebensstrategie offenbart sich in all ihrer Pracht, wenn eine öde Wüstenlandschaft unmittelbar nach einem der seltenen Regenschauer von Blüten in den verschiedensten Farben übersät ist: weißen Primeln, blauen Lupinen und gelben Wüstensonnenblumen. Die Bestäubung der kurzlebigen Blüten wird entweder vom Wind oder von flinken Insekten übernommen. Unmittelbar danach vertrocknen die Pflanzen infolge des Wassermangels wieder. Diese Strategie ist so erfolgreich, daß der größte Teil der einjährigen Pflanzen in den Wüsten der Erde ephemeren Charakter besitzt.

Angesichts der außerordentlich schwierigen Lebensbedingungen in der Wüste muß die bloße Existenz von Leben schon als ein Wunder aufgefaßt werden. Wegen des Wassermangels in Verbindung mit erbarmungsloser Hitze und stellenweise auch anhaltenden Frostperioden gehören die Trockenzonen zu den lebensfeindlichsten Gebieten der Erde. In manchen Regionen, so z. B. in Teilen der Namib-Wüste in Südwestafrika und der Atacama- und Sechura-Wüste in Peru, konnten Lebewesen überhaupt nicht Fuß fassen. Dort jedoch, wo die Bedingungen es erlaubten, hat sich eine überraschend vielfältige Flora und Fauna entwickelt. In zahlreichen Fällen sichern außergewöhnliche Anpassungsleistungen – Ergebnisse von Evolutionsprozessen, die viele Millionen Jahre benötigten – den entschei-

Der Höhepunkt im 15- bis 50jährigen Leben der Agave ist die Ausbildung des einzigen Blütenstandes, den sie je hervorbringen wird. Dieser Langnasenfledermaus beschert er einen willkommenen nächtlichen Imbiß. Um zu überleben, müssen die Wüstentiere wachsam auf solche seltenen Augenblicke des Überflusses warten, denn auch die Pflanzen führen einen Existenzkampf auf dem kargem Boden.

den Vorteil im Überlebenskampf. So ermöglichen etwa die durchsichtigen Augenlider einiger Echsenarten diesen Tieren ein wenn auch geringfügiges Sehvermögen selbst bei Sandstürmen. Der Mesquitebusch hat die Fähigkeit entwickelt, eine Pfahlwurzel zum Aufspüren selbst geringster Feuchtigkeitsspuren bis in Tiefen von gut 50 Metern vorzutreiben. Der ephemere Charakter stellt ebenfalls eine derartige Anpassungsleistung dar, bei der die biologische Uhr der Pflanzen und Tiere so eingestellt worden ist, daß sie längere, durch Trockenheit verursachte Ruheperioden überstehen können und sich durch die Gunst eines plötzlichen Regenfalls in kürzester Zeit zu voller Lebenskraft entwickeln.

Der Naturphotograph Robert Gilbreath entdeckte eine Pflanze, die neben dem ephemeren Charakter noch eine andere entscheidende Überlebenstechnik vieler Wüstenpflanzen aufwies. Im Jahre 1971 fand Gilbreath auf seinen Streifzügen durch die Wüste von Nevada einen Pilz, der auf Gestein und Sand wuchs. Das Auftreten von Pilzen verbindet man normalerweise mit feuchten Standorten; Gilbreath photographierte daher dieses Kuriosum und ließ dabei versehentlich seinen Objektivdeckel fallen. „Als ich mich bückte, um ihn aufzuheben", schrieb er später, „bemerkte ich, daß der Boden mit winzigen Pflanzen bedeckt war. Auf den Pflanzen saßen weiße Flecken." Er photographierte sie. Als er das Bild vergrößerte, stellte Gilbreath verwundert fest, „daß es eine zarte weiße Blume von etwa eineinhalb Millimeter Durchmesser zeigte, mit sechs rosagestreiften Blütenblättern, Staubgefäßen mit roten Spitzen und einem gelben Stempel".

Durch Zufall hatte Gilbreath die winzigste Wüstenpflanze entdeckt, eine Bocconis-Schuppenmiere, von der Tausende auf einen Quadratmeter kommen und die so gut wie niemand wahrnimmt, der zufällig vorübergeht. Während der

Eine Bocconis-Schuppenmiere (oben in starker Vergrößerung, darunter in natürlicher Größe abgebildet) erhält Besuch von einem ebenso winzigen Insekt. Die Pflanzen können in der unwirtlichen Wüste überleben, weil sie wenig Wasser und Energie verbrauchen. Zudem keimen ihre Samen nur unter günstigen Bedingungen. Die Blüten erscheinen und verwelken innerhalb weniger Stunden.

nächsten Jahre verbrachte Gilbreath viel Zeit damit, auf dem Wüstenboden liegend, diese winzigen Blumen mit einer Lupe zu betrachten, wobei er oft beobachten konnte, wie sie von noch winzigeren Insekten bestäubt wurden. Einmal fand er eine Stelle, wo vier verschiedene Arten in verschwenderischer Zahl blühten, beinahe 2000 auf einem Quadratmeter. Als er am nächsten Morgen zurückkam, um sie zu photographieren, waren nur noch zwei Arten zu finden – die anderen waren ephemere Pflanzen, die über Nacht verschwunden waren.

Gerade ihre Winzigkeit verleiht Gilbreaths Blumen einen entscheidenden Überlebensvorteil unter schwierigen Umweltbedingungen. Je kleiner die Blätter und Stiele sind, desto weniger Wasser wird benötigt und geht durch Verdunstung verloren, und desto weniger Energie brauchen die winzigen Samen zum Keimen, bevor der Vorrat an Feuchtigkeit wieder verdunstet ist. Samenbildung und Keimung – die Erhaltung der Art – ist letztlich der Zweck aller Pflanzen. Ephemere Pflanzen vergrößern ihre Fortpflanzungschancen noch durch die Produktion von Samen in ungeheurer Menge. Der Stand einer einjährigen Pflanze, des Wüsten-Wegerichs, bildet Schätzungen zufolge mehr als 350 000 Samen pro Quadratmeter oder fünf Milliarden pro Hektar aus. Derartige gewaltige Mengen sind durchaus keine Verschwendung. Bis zum nächsten Regen kann ein Jahr oder mehr vergehen, und in der Zwischenzeit dienen die Samen Hunderten von Insekten als Nahrung. So bestehen beispielsweise 90 Prozent der Vorräte, die von Ernteameisen gesammelt werden, aus Samen. Doch mit dem Warten auf den ersten Regen ist es nicht getan. Wenn die Samen, angeregt durch die wenigen Wassertropfen, keimen und sprießen würden, müßten die Keimlinge nach dem Verdunsten der Feuchtigkeit sehr bald in der Sonne verdorren. Dies geschieht jedoch selten. Es ist erwiesen, daß die Samen mit einer Substanz überzogen sind, die das Keimen so lange verhindert, bis sie von einer ausreichenden Niederschlagsmenge abgewaschen wird.

Struktur und Zusammensetzung des Bodens spielen beim Überleben von Wüstenpflanzen eine genauso wichtige Rolle wie der Regen – oder dessen Ausbleiben. Im Gegensatz zu den Böden der gemäßigten Zonen, die sich ständig regenerieren, fehlt den Wüstenböden die außerordentliche Anreicherung mit Nährstoffen, die durch die Zersetzung organischer Substanz zustande kommt. Dort jedoch, wo Niederschlagswasser tief in den Wüstenboden eindringt, ist er oft reich an mineralischen Nährstoffen, die beim Verdunstungsprozeß an der Oberfläche durch die Kapillarwirkung des Wassers aus den mineralreichen unteren Horizonten nach oben transportiert werden. Diese Durchlässigkeit (Permeabilität) des Bodens hat entscheidenden Einfluß auf die Wüstenvegetation.

Der Bodentyp – und damit die Durchlässigkeit – wird unter anderem durch die Art des Ausgangsmaterials im Untergrund, das Ausmaß der Verwitterung, den Grad der Erosion und schließlich durch die Morphologie der Oberfläche bestimmt. Alle diese Faktoren sind ihrerseits von der Höhenlage abhängig. In den hoch gelegenen Gebieten eines trockenen Gebirges, wo die Temperaturgegensätze zwischen Tag und Nacht besonders ausgeprägt sind, bildet das Gestein allmählich Risse und zerfällt. Wenn gelegentlich Unwetter ihre gesamte Menge an Feuchtigkeit entladen, schießt in Flußbetten mit episodischer Wasserführung eine Sturzflut zu Tal. Dadurch wird mitgeführter Gesteinsschutt weiter zerkleinert und schließlich der Größe nach sortiert. Zunächst setzt sich nach kurzem Transport größeres, später feinsandiges bis schluffiges Material ab. Die noch feiner suspendierten Bestandteile des Wassers werden in die Ebene transportiert und als Alluvialfächer abgelagert. Sie ergeben sehr tonige Böden, die für die tieferen Sedimentationsbereiche der meisten Wüstenbecken charakteristisch sind.

Derartige Böden werden steinhart, wenn sie der Sonne ausgesetzt sind. Die Niederschläge fließen vor allem oberflächlich ab. Wenn sich dieses Oberflächenwasser in flachen Seen sammelt, wird durch die rasche Verdunstung ein besonders intensiver kapillarer Wasseraufstieg ausgelöst, der zuviel Magnesiumsalze und Natriumchlorid an die Oberfläche transportiert und so zur extremen Versalzung

Als wolle er die Vegetation für seine Seltenheit entschädigen, überschüttet ein heftiger Regenschauer Kakteen und Sträucher in der Sonora-Wüste mit Sturzfluten von

Wasser. Üppigeres Pflanzenwachstum, kühleres Wetter und vermehrte Aktivität unter den Tieren sind die Folge.

Ein gebeugter Endonocarpus läßt deutlich werden, wie hart der Überlebenskampf der Vegetation in den inneraustralischen Trockengebieten ist. Wenn es die sporadischen Niederschläge erlauben, trägt der Baum eine Fülle von Früchten, um die Chancen der Arterhaltung besser auszuschöpfen.

des Bodens führt. In dem zuerst abgelagerten Material, aus dem die grobkörnigeren Böden entstanden, sickert das Regenwasser dagegen bis in Tiefen von 40 bis 50 Zentimetern ein. Dort, wo es vor der Sonnenstrahlung und der austrocknenden Wirkung des Windes durch ein mit Sand vermischtes Steinpflaster geschützt ist, bleibt es als freies Wasser erhalten oder bildet einen dünnen Film, der die Bodenpartikel umschließt. In beiden Fällen können tiefwurzelnde Pflanzen dem Boden ausreichend Wasser entziehen. Je feiner jedoch die Bodenpartikel sind, desto fester ist das Wasser an sie gebunden. Die besten Böden arider Gebiete sind wohl solche, deren oberflächennahe Horizonte aus relativ grobem Material bestehen und die in etwas größerer Tiefe Streifen feinerer Partikel besitzen. Das Wasser kann bei diesen Böden nicht weiter in die Tiefe sickern, wo es außerhalb der Reichweite flachwurzelnder Pflanzen wäre.

Jeder dieser Bodentypen, von den hoch gelegenen Rücken bis hinab zu den Becken, bildet die Lebensgrundlage für eine spezifische, hochspezialisierte Flora und Fauna. Joseph Wood Krutch, ein Neuengländer, der im amerikanischen Südwesten die Lebensformen der Wüste studierte, sagte über diese Spezialisierung: „Zahlreiche Pflanzen, Vögel und Säugetiere finden sich fast so exakt innerhalb der Grenzen ihrer Höhenlage, als ob sie auf einer von Wasser umgebenen Insel lebten anstatt in Lebensräumen, deren Grenzen im wesentlichen von ihrer Höhe über dem Meeresspiegel markiert werden."

Wenn man beispielsweise im amerikanischen Südwesten einen Berghang hinabwandert, lassen sich diese Höhenstufen gut an den dort wachsenden Pflanzen erkennen. Ähnliche scharf abgegrenzte Zonen lassen sich auch in anderen Wüsten feststellen. Es kommt sogar manchmal vor, daß auf vergleichbaren Höhenstufen in weit auseinander liegenden Wüsten Pflanzen wachsen, die kaum voneinander zu unterscheiden sind, obwohl sie in völlig verschiedenen Gebieten heimisch sind.

Der Ocotillostrauch ist die meiste Zeit des Jahres kahl *(oben)*. Nach Regenfällen erscheinen dann plötzlich winzige Blätter *(rechts)*. Die in Mexiko und den angrenzenden US-Bundesstaaten anzutreffende Pflanze wirft ihr Laub in Trockenzeiten ab und reduziert damit ihren Wasserbedarf.

Erst kürzlich haben Botaniker festgestellt, daß fast gleich aussehende Kreosotbüsche aus Nordamerika und Argentinien verschiedenen Arten angehören.

Die höchsten Felshänge der südwestlichen amerikanischen Wüsten, wo man nur spärlich Bodenbildung findet und der Boden schnell austrocknet, sind der Lebensraum des Ocotillostrauchs. Die Pflanze besteht aus einer Anzahl dorniger, astloser Stengel von bis zu viereinhalb Metern Höhe. Wenn jedoch zu irgendeiner Zeit im Jahr Regen in nennenswerter Menge fällt, sind die Stengel des Ocotillostrauchs in kürzester Zeit von Hunderten winziger Blätter bedeckt, die innerhalb weniger Wochen verwelken und abfallen, wenn die Feuchtigkeit aus dem Boden verdunstet. So erlebt der Ocotillostrauch mehrmals im Jahr einen Frühling und Herbst, doch nur im April oder Mai ist es ein echter Frühling. Dann entwickeln sich, selbst wenn der Regen nicht zur Bildung von Blättern ausgereicht hat, an den Spitzen der Stengel Knospen, die sich zu Büscheln leuchtendroter Blüten entfalten. Die Hänge der Wüstenberge sehen aus, als würden sie von einer Unzahl flammender Kerzen erleuchtet. Krutch war überzeugt, daß diese merkwürdige Pflanze, die einzige ihrer Gattung in den Vereinigten Staaten, „den Geist der Sonora-Wüste ausdrückt – eine Verbindung von ungewöhnlichem Aussehen mit der Entschlossenheit zum Lebenskampf auch unter scheinbar unmöglichen Bedingungen. Dies zeigt sich auch in der Verteidigungsbereitschaft der Dornen, die mit der großartigen und überraschenden Schönheit ihrer leuchtenden Blüten einhergeht."

Auf den gleichen grobkörnigen, flachen Böden, auf denen der Ocotillostrauch gedeiht, treten auch eigenartige Rosetten dicker, länglicher Blätter auf. Nach anhaltender Trockenheit sehen die Blätter wie abgestorben aus. Sie stehen senkrecht in die Höhe und sind dicht aneinandergedrängt, um der sengenden Sonne so wenig Oberfläche wie möglich zu bieten. Unter günstigeren Bedingungen entfalten sie sich jedoch. Es handelt sich hier um eine Agavenart, die als „Jahrhundert-

pflanze" bezeichnet wird, weil sich nach vielen Jahren – zwischen 15 und 50, also keinem vollen Jahrhundert – ein einzelner Stengel aus der Rosette entwickelt, der etwa viereinhalb Meter lang wird und phantastische Büschel heller Blüten hervorbringt. Danach stirbt der Stengel ab, ebenso wie der gesamte obere Teil der Pflanze. Diese Agave hat sich mit einer Verlangsamung ihrer Lebensprozesse, die es ihr ermöglicht, geduldig auf Regenfälle zu warten, in besonderer Weise an die trockene obere Höhenzone angepaßt.

Die Zonen unterhalb der Hänge, in den höheren Teilen der Alluvialfächer, sind der Lebensraum der Kakteen – des Fero- oder Echinokaktus, des Feigenkaktus, der Zylinderopuntie und des riesigen Saguaro, der Höhen von 15 Metern erreicht und bis zu 200 Jahre alt wird. Keine Pflanze ist so typisch für die Wüste wie die Kakteen, und doch findet man sie fast nur in der Neuen Welt. In den ariden Gebieten der Alten Welt treten andere Sukkulenten auf, einschließlich zahlreicher Euphorbienarten, die den Kakteen sehr ähnlich sind.

Ein Grund für den Erfolg der Kakteen im Überlebenskampf sind ihre Vorrichtungen zum Auffinden und zur Speicherung von Wasser. Kakteen haben flache Wurzeln entwickelt, die sich in horizontaler Richtung über ein weites Gebiet ausbreiten und Niederschläge aufsaugen, bevor das Wasser entweder in der Tiefe versickert, abfließt oder verdunstet. Da Niederschläge jedoch nur selten auftreten, muß das so gewonnene Wasser gespeichert werden. Es wird von den Wurzeln und dem Gefäßgewebe des Stammes rasch in das fleischige, grüne Innere des Kaktus transportiert, wo die Photosynthese stattfindet und überschüssiges Wasser gespeichert wird. Der gewaltige Saguaro speichert fünf bis sieben Tonnen Wasser in seinem Stamm. Das Speichervermögen der Kakteen hat in zahlreichen Fällen Menschen das Überleben in der Wüste ermöglicht. Einer von ihnen, ein Marinepilot, der über der Wüste von Arizona mit dem Fallschirm aus seinem brennenden Flugzeug ausstieg, schrieb später: „Ohne den Ferokaktus würde ich heute nicht vor Ihnen stehen." Leutnant Edwin Zolnier war fünf Tage lang durch die Wüste geirrt,

Dieser vom gespeicherten Wasser angeschwollene Saguaro, der in der Sonora-Wüste Arizonas aufgenommen wurde, scheint bersten zu wollen. Ein großer Saguaro kann eine Tonne Wasser aufsaugen und seinen Umfang verdoppeln. Ein verholztes Skelett stützt den Kaktus, der eine Höhe von 15 Metern erreicht. Das den Kern umgebende Fleisch *(unten)* hält das Wasser wie ein Schwamm.

bevor er gerettet wurde. Seine verzweifelte Suche nach Wasser war vergeblich, doch fand er den Ferokaktus. „Ich saugte beim Kauen das Wasser aus den großen Stücken Kakteenfleisch, die ich aus der lebenden Pflanze schnitt", berichtete er. Während dieser schlimmen Tage schlug Zolnier wiederholt einen Kaktus auf, saugte die Flüssigkeit heraus und rieb seinen Körper mit dem feuchten Fruchtfleisch ein, um eine Austrocknung zu verhindern.

Kakteen können nicht nur die geringen, in ihrem Lebensraum vorhandenen Feuchtigkeitsmengen aufnehmen, sie sind auch in der Lage, sich gegen die anhaltende, sengende Hitze zu schützen. Eine wächserne Außenhaut, die Cuticula, verringert die Verdunstung. Die Oberfläche der Kakteen ist gerieffelt und besitzt Höcker und Warzen, die eine Art Kompromiß im Anpassungsprozeß darstellen. Der Stamm erhält die größtmögliche Menge Sonnenlicht, das für die Photosynthese benötigt wird, gleichzeitig entstehen jedoch unter den vorspringenden Höckern und Warzen kleine wichtige Schattenstellen zur Verbesserung der Kühlung. Während des heißen Tages verschließt der Kaktus seine Poren, so daß kein Wasser entweichen kann; das für die Photosynthese verwendete Kohlendioxid wird innerhalb des Organismus umgesetzt. In der kühleren Nachtluft öffnet der Kaktus seine Poren, um seinen Vorrat an Kohlendioxid aufzufrischen.

Die meisten Kakteen sind mit Stacheln besetzt (morphologisch gesehen sind es Dornen), die gegenüber den Blättern der für gemäßigte Breiten typischen Pflanzen entscheidende Vorteile haben: Stacheln geben Wärme ab, benötigen selbst jedoch wenig Energie und bieten dem austrocknenden Wind die geringstmögliche Oberfläche. Bei einigen Arten sind die Stacheln heller als der Stamm, so daß sie einen Teil der Sonnenstrahlen reflektieren. Sie dienen auch zur Abwehr von nahrungsuchenden Tieren. Wenn die Stacheln nach unten geneigt sind, sammeln sie das nach einem Sprühregen abfließende Wasser zu kleinen Tropfen, die am Fuß der Pflanze niederfallen, wo sie von den Wurzeln aufgenommen werden. Als zusätzlicher Schutz ist die Oberfläche der meisten Kakteen mit zahlreichen weißen Härchen besetzt, die die Hitze von dem empfindlichen jungen Gewebe fernhalten.

Ebenso wie die Kakteen haben auch andere Wüstenpflanzen der mittleren Höhenzonen wirksame Überlebenstechniken entwickelt. Ein Beispiel dafür ist die Aloe, eine afrikanische Sukkulente. Die Aloe speichert gewaltige Wassermengen in ihrem Stamm, der nach einem Regenfall anschwillt – eine Art erreicht 18 Meter Höhe und einen Durchmesser von bis zu 2,70 Metern. Eine andere Pflanze der Wüstenhänge, besonders in den Trockengebieten Niederkaliforniens, ist die Idria. Dieser Baum sieht wie eine riesige Mohrrübe aus, die vom Boden in die Höhe schießt. Um Energie zu sparen, entwickelt die Pflanze nur nach Regenfällen kleine Blätter an ihren dünnen Zweigen.

Unterhalb der Zone der großen Kakteen und der Idriabäume wird der Boden feinkörniger, da seine Bestandteile einen längeren Wind- und Wassertransport hinter sich haben. Entsprechend verändert sich auch die Vegetation. In dieser Zone dominieren Büsche, wie z. B. der duftende Kreosotbusch im amerikanischen Südwesten. Durch eine Anzahl kleinerer Anpassungen ist der Kreosotbusch auf die Wüstenbedingungen eingestellt. Dazu gehören Wurzeln, die dem Boden besonders gut Feuchtigkeit entziehen können, und Blätter, deren Ausbildung während einer Dürreperiode unterbrochen und bei verbesserten Bedingungen wieder aufgenommen werden kann. Der Kreosotbusch verdrängt mit seinem ausgedehnten Wurzelwerk weniger gut angepaßte Konkurrenten, wie z. B. Gräser, und wird von Viehzüchtern, deren Vieh sich von den spärlichen Grasbüscheln ernähren muß, als lästige Schadpflanze angesehen.

In tieferer Hanglage findet man holzige Büsche, wie den Mesquitebusch, dessen Wurzeln auf der Suche nach Wasser bis in Tiefen von gut fünfzig Metern vordringen. In den geschlossenen Becken schließlich, wo feinster Schluff abgelagert wird, sich das Oberflächenwasser sammelt und der Boden salzig ist, bedecken Allenrolfea und Salzmelde den Wüstenboden. Diese Büsche gehören zu den wenigen, die stark salzige Böden vertragen. Ihr eigenes Gewebe wird nämlich genauso salzig wie der Boden, auf dem sie wachsen. Wenn sich ihre Blätter und Zweige schließlich zersetzen, wird der Boden in ihrer Umgebung noch salziger.

Entlang der Arroyos, die diese tief gelegenen Zonen durchschneiden, gedeihen Wüstentrompetenbäume und Pappeln, deren Wurzelsystem bis in Tiefen von zwölf Metern reichen oder horizontal durch den trockenen Boden in den feuchteren Untergrund unterhalb der Arroyos vordringen. Dennoch sind Bäume in der Wüste eine seltene Erscheinung, weil sich das Wachstum zweckmäßigerweise eher auf die Suche nach unterirdischem Wasser spezialisiert und die Vegetation selten mehr als zehn Meter Höhe erreicht. Selbst in weniger trockenen Zonen wachsen Bäume, ja selbst Büsche, nur in großen Abständen, damit für jede Pflanze ein angemessener Anteil an der vorhandenen Feuchtigkeitsmenge gesichert ist. Einige Pflanzen erzeugen sogar Giftstoffe, die in den Boden einsickern, konkurrierende Pflanzen am Wachsen hindern und so das eigene Territorium schützen – sozusagen eine Art chemisches Verteidigungssystem.

In der Tat findet der Wettbewerb zwischen den Pflanzen um die knappe Feuchtigkeit in der Wüste zu einem Gutteil unterirdisch statt. Die meisten Pflanzen haben auf Kosten ihres oberirdischen Blattwerks riesige Wurzelsysteme entwickelt und müssen diese Wurzeln mit einer kleineren Chlorophyllmenge zur Durchführung der Photosynthese erhalten – eine Aufgabe, die bei den meisten anderen Pflanzen von den Blättern übernommen wird. Es gibt Belege dafür, daß die Wurzeln von Wüstenpflanzen mit einem wesentlich geringeren Gasaustausch auskommen als Pflanzen der gemäßigten Zonen und daher weniger Energie verbrauchen. Wüstenpflanzen müssen sich auch gegen Überhitzung schützen. Sie haben deshalb oft kleine, wachsüberzogene und häufig verharzte Blätter, in denen die Zellen dichter gelagert und die Poren enger sind. Die Blätter sind nicht so grün

Die zu den Greiskräutern gehörende behaarte Psathyrotes ist ein Beispiel dafür, wie sich Wüstenpflanzen dem ständigen Wassermangel anpassen. Die die fleischigen Blätter bedeckenden Flaumhaare können Feuchtigkeit aus der Luft aufnehmen.

wie in gemäßigten Zonen und zeigen, wie die Blätter des Eukalyptusbaumes in Australien, oft Grautöne, eine Farbe, die einen Großteil der Sonnenenergie reflektiert. Eine ähnliche Farbadaption läßt sich an den weißen stacheligen Grasbüscheln beobachten, die für die Grasländer Nordaustraliens typisch sind.

Biologen betonen, daß es keine Pflanze gibt – insbesondere keine Wüstenpflanze –, die in optimaler Weise an ihre spezifischen Lebensbedingungen angepaßt ist. Wenn es sie gäbe, wäre sie in besonderer Weise vom Aussterben bedroht, denn die Bedingungen in ariden Klimazonen ändern sich außerordentlich rasch. Lange Perioden der Trockenheit, Verschiebungen im Zeitpunkt und in der Menge der Niederschläge, Veränderungen der Bodenart und der Richtung der Wasserläufe – alle diese Faktoren beeinflussen die mosaikartige Natur der Ökosysteme, aus denen aride Landschaften bestehen.

Um zu überleben, müssen Wüstenpflanzen im Verlauf der Evolution ständig Kompromisse schließen. Sie müssen z. B. an den einen Umwelteinfluß etwas weniger gut angepaßt sein, um dem Selektionsdruck aus anderer Richtung besser widerstehen zu können. So haben sie Stacheln oder Dornen statt Blätter, riesige Wurzelsysteme auf Kosten des oberirdischen Blattwerks und Geästs, lange Perioden ohne Blätter, verkürzte Perioden der Photosynthese. Unter den gegebenen schwierigen Lebensbedingungen verbraucht eine Wüstenpflanze relativ mehr Energie zur Ausbildung ihrer kleinen Blätter, die ihre Aufgabe auf ihre ganz besondere Weise erfüllen, als ein Ahornbaum zur Entwicklung seiner zahlreichen, großen Blätter. Die Kompromisse sind jedoch unerläßlich, wenn die Pflanze die erbarmungslose Sonnenbestrahlung, die Unregelmäßigkeit der Wasserversorgung und die belastenden Temperaturänderungen überstehen will.

Kurze Zeit nach einem Regenfall in einer Wüstenregion Westaustraliens sind Pflanzen einer Sauerklee-Art, die weder Stengel noch Blätter haben, mit Blüten übersät. Die Pflanzen nutzen die knappe Feuchtigkeit, um die zur Arterhaltung wichtigsten Teile zuerst hervorzubringen – die Blüten. Fällt mehr Regen, erscheint auch der Rest der Pflanze.

Ein weiterer Bewohner der Wüste Namib ist die zur Familie der Rebengewächse gehörende Großfußklimme *(Cissus macropus)*. Die Pflanze speichert Wasser in ihrem dicken Stamm, dessen helle Borke Hitze reflektiert und dadurch isolierend wirkt.

Die nur in der Namib vorkommende langlebige Welwitschie bezieht ihren Feuchtigkeitsbedarf aus den Seenebeln, die bis zu 80 Kilometer landeinwärts vordringen. Im Laufe ihres tausendjährigen Lebens erlangen die zwei vom Wind zerfetzten Blätter eine etwa 20 Quadratmeter große Oberfläche, durch die sie Wasserdampf aufnehmen können.

In zahlreichen Wüstengebieten sind große Temperaturunterschiede, selbst innerhalb eines Tages, keine Seltenheit. Nach einer Nachmittagstemperatur von 50° C kann kurz vor Sonnenaufgang eine Temperatur von 15° C herrschen. Eine Pflanze, die gut an große Hitze und an Trockenheit angepaßt ist, kann dennoch in heißen, trockenen Gebieten nicht lebensfähig sein, weil sie die niedrigen Temperaturen nach Sonnenuntergang nicht verträgt. Da die Wolkendecke zur Verhinderung der Abstrahlung von Wärmeenergie so gut wie vollständig fehlt, gehen in der Wüste nachts bis zu 90 Prozent der tagsüber empfangenen Sonnenstrahlung verloren. Außerdem kann es nach Sonnenuntergang dazu kommen, daß die Luft in den kälteren höheren Lagen benachbarter Hochländer schwerer wird als die darunterliegende Luft und wie ein unsichtbarer Nebel hangabwärts zum Wüstenboden fließt, wobei es zu Temperaturabsenkungen von bis zu 30° C kommt. Auf der Nordhalbkugel werden die extremen Temperaturunterschiede an den Nordhängen einer Gebirgswüste etwas abgemildert (auf der Südhalbkugel gilt das gleiche für die Südhänge). Der Unterschied ist gewöhnlich nicht besonders groß, jedoch immer noch so groß, daß die Südhänge eine ganz andere Vegetation aufweisen als die Nordhänge, obgleich die Höhe die gleiche ist.

Wenn es auch keine vollkommen angepaßte Wüstenpflanze gibt, sollte die Welwitschie dennoch eine Auszeichnung dafür bekommen. Sie ist sicherlich eine der unauffälligsten – und lebenstüchtigsten – Pflanzen, die man sich vorstellen kann. Obwohl fast allen Pflanzen arider Zonen die üppige Schönheit normaler Gräser, Büsche und Bäume abgeht, zeigen viele von ihnen doch eine ganz besondere Art von Anmut – wie z. B. die prächtigen Kakteenblüten oder die ausgebreiteten Arme des riesigen Josuabaumes der Mojave-Wüste, wie er von den Mormonen bezeichnet wird. Die Welwitschie sieht jedoch beim besten Willen nicht anders aus als ein Häufchen schmutziger Wäsche. Sie wächst in der südwestafrikanischen Namib, einer Landschaft, in der die Feuchtigkeit hauptsächlich als Nebel vom Meer kommt, oft aus bis zu 80 Kilometer Entfernung. Regenfälle treten unregelmäßig und selten auf – im Durchschnitt etwa 50 Millimeter pro Jahr.

Die Samen der Welwitschie keimen innerhalb von drei Wochen nach der Befeuchtung; dies ist jedoch das einzige, was die Pflanze mit einiger Schnelligkeit tut. Außer einer mohrrübenähnlichen Wurzel entwickelt die Welwitschie nur zwei lederne Blätter. Während die Pfahlwurzel auf ihrer Suche nach Feuchtigkeit in bis zu 18 Meter Tiefe vordringt, wachsen die zwei Blätter der Pflanze gemächlich zehn bis 20 Zentimeter pro Jahr, wobei sie vom Wind zerfetzt werden, bis im Laufe der Zeit ein 1,50 Meter hohes Blattgewirr entstanden ist. Die Welwitschie benötigt zur Ausbildung ihrer ersten Blüte 25 Jahre. Sie gehört zu den wenigen Pflanzen, die in der Namib überleben. Einige Welwitschien sind mit Hilfe der radiometrischen Datierungsmethode auf ein Alter von 2000 Jahren geschätzt worden.

Aber selbst die Leistung dieser Pflanzen verblaßt, wenn man sie mit dem geschicktesten Überlebenskünstler vergleicht, einem bizarren Bewohner der Kältewüste, in der das Leben einer doppelten Gefährdung durch extreme Kälte und gleichzeitige Trockenheit ausgesetzt ist. Dem äußeren Anschein nach kann man kaum sagen, daß die Grannenkiefer besonders gut gedeiht. Dennoch behauptet sie sich in den Gebirgen des amerikanischen Westens, wo sie sich auf nacktem Felsschutt festklammert, in Höhen von 2500 bis 3000 Metern trotz dünner Atmosphäre, extremer Kälte und unablässig wehenden trockenen Winden. Die noch lebenden Exemplare der Grannenkiefer gehören sogar zu den ältesten lebenden Organismen der Erde. Als man den Stamm eines gefällten Baumes untersuchte, zählte man 4900 Jahresringe. Die Testbohrung bei einer lebenden Grannenkiefer in den White Mountains von Kalifornien ergab, daß sie 4600 Jahre alt war. Diese Exemplare beeindrucken den Betrachter durch nichts anderes als ihr hohes Alter. Ansonsten sind es knorrige, unansehnliche Zwerge. Ihr Holz – häufig auch das Stammholz – ist abgestorben, obwohl nahe der Wurzel durchaus knorrige Äste wachsen, die noch leben. Diese Bäume können nur unter derartig extremen Wüstenbedingungen überleben, da sie die Fähigkeit verloren haben, sich zu einer

Eine Gruppe von Grannenkiefern in der Höhenwüste der kalifornischen White Mountains scheint mehr tot als lebendig. Trotz der harten Lebensbedingungen haben

einige dieser Bäume 4000 Jahre überdauert. Sie sind damit die ältesten Lebewesen der Erde.

stärkeren, flexibleren Art zu entwickeln, die erfolgreich mit anderen Bäumen konkurrieren und dadurch ihr Territorium ausdehnen könnte. Sie sind allem Anschein nach in eine Art Sackgasse der Evolution geraten.

Die unerbittlichen Ausleseprozesse der Evolution, die zur Ausmerzung der meisten Pflanzenarten in der lebensfeindlichen Umwelt der Wüste führten, haben in der Tierwelt den gleichen Effekt gehabt. Die Parallelen sind bei bestimmten, im Wasser lebenden Tieren besonders auffällig. Nach langen Perioden todesähnlicher Ruhe wimmeln die Salzseen, die sich nach ergiebigen Regenfällen auf den Playas bilden, von Leben. Die winzigen Eier verschiedener Krebstiere, wie des Salzkrebschens, der Kiemenfußkrebse und der Rückenschalkrebse, haben vielleicht bis zu fünfzig Jahre lang inaktiv in der Salzkruste gelegen. Im Augenblick, in dem Wasser vorhanden ist, entwickeln sie sich zu winzigen Larven. Diese ernähren sich von Algen, die ganz ähnlich zu neuem Leben erwacht sind, durch die Feuchtigkeit zu blühen beginnen und außerordentlich rasch wachsen. Die ausgewachsenen Tiere paaren sich und legen ihre Eier ab, so daß der Generationszyklus geschlossen ist, bevor das salzige Wasser verdunstet. Und wo immer auf der Erde sich dieser Vorgang vollzieht, selbst wenn es nur einmal oder zweimal in hundert Jahren ist, stets werden die nur kurze Zeit bestehenden Seen von Wasservögeln aufgespürt, die dann von der verschwenderischen Fülle profitieren.

Die Überlebensstrategie der Schaufelfuß-Kröte im amerikanischen Südwesten ist vielleicht der Anlaß für die Legenden der Navajo-Indianer, daß Frösche und Kröten, genau wie der Regen, vom Himmel fallen. Sofort bei Eintreten der Dürre gräbt sich die Schaufelfuß-Kröte wieder in den Sand ein und verharrt dort bis zu neun Monate lang in inaktivem Zustand. Nach einem sommerlichen Regenfall kommen die Kröten an die Oberfläche, paaren sich und legen ihre Eier in den Pfützen ab. Innerhalb von zwei Wochen schlüpfen winzige Kaulquappen *(S. 110)*.

Es gibt noch eine Anzahl von Arten, die ebenfalls ein Brutverhalten aufweisen, bei dem es darauf ankommt, die günstigste Gelegenheit für den Fortpflanzungsprozeß abzuwarten. Bei Nahrungsknappheit Junge zu zeugen kann eine ganze Generation gefährden und die Kraft der Mutter aufzehren. Die Rennmäuse z. B. vermindern die Brutaktivität oder stellen sie ganz ein, wenn Niederschläge ausbleiben. In ähnlicher Weise wird auch der Generationszyklus einiger Vögel, der in anderen Lebensräumen durch die Verlängerung der Tagesdauer im Frühjahr gesteuert wird, durch den Niederschlag stimuliert. Regen garantiert nämlich eine üppige Vegetation, und diese benötigen die Vögel für ein erfolgreiches Brüten.

Bei Wüstentieren erfordert das Überleben mehr, als einfach den langen Zeitraum bis zum nächsten Regen zu überbrücken. Damit sie in dieser feindlichen Umwelt bestehen können, müssen sie Nahrung finden, Verfolgern entkommen und sich im Wettbewerb mit anderen Lebewesen um ihre spezielle ökologische Nische behaupten. Die Anpassungsleistungen sind im allgemeinen genauso extrem wie die Bedingungen, auf die sie zurückgehen, insbesondere, was den sparsamen Wasserverbrauch angeht. Und so läßt sich dann kein besseres Beispiel für eine derartige Anpassung finden als das Kamel.

Die Kamele gelten als die Wüstentiere schlechthin. Ihre heutige Gestalt ist das Ergebnis langer Anpassungsprozesse an ihre Umwelt. Die Familie der Camelidae trat zuerst vor über 45 Millionen Jahren im warmen, feuchten Klima des oberen Eozän von Nordamerika auf. Sie waren ziemlich kleine Tiere – etwa von Wildschweingröße – mit kurzen Beinen und vier rudimentären Zehen. Es entwickelten sich zahlreiche Arten, aber vor ungefähr 25 Millionen Jahren sahen die typischen Vertreter wie ein heutiges Lama aus; sie hatten zwei Zehen statt vier, und ihre Beine waren länger (Anpassung zur Erhöhung der Geschwindigkeit und Beweglichkeit), und zur Erleichterung des Äsens war der Hals gestreckt. Bei einer jüngeren Art der Gattung *Alticamelus* aus dem Miozän von Nordamerika, die von Paläontologen oft als Giraffenkamel bezeichnet wird, befand sich der Kopf drei Meter über dem Erdboden, wodurch das Tier die Blätter hoher Bäume abweiden konnte.

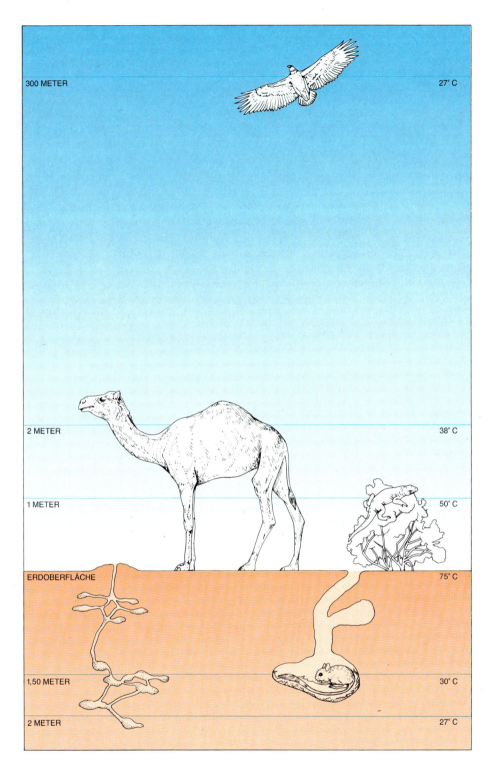

Die Oberflächentemperatur einer Wüste kann zur Mittagszeit 70° C überschreiten. Für die meisten Wüstentiere gibt es jedoch Möglichkeiten, diesen extremen Temperaturen zu entgehen. Schon 1,50 Meter unter dem glühenden Wüstensand finden Ameisen und Wüstenspringmäuse Temperaturen vor, die um etwa 40° C geringer sind. Das gleiche gilt für den Geier, der in 300 Meter Höhe seine Kreise zieht. Ein Waran, der an einem kleinen Strauch emporklettert, gelangt in eine Luftschicht, die etwa 25° C kühler ist. Und der Körper des Dromedars befindet sich dank der langen Beine des Tieres ungefähr 1,20 Meter über der Oberfläche, wo die Temperaturen um rund 30° C niedriger sind.

Bis vor etwa 2,5 Millionen Jahren gab es Kamele nur auf dem nordamerikanischen Kontinent. Dann jedoch, mit dem Beginn der Eiszeit, wanderten sie nach Südamerika ein und auf der wieder entstandenen Landverbindung über die Bering-Straße auch in die ariden Gebiete Asiens, Arabiens und Afrikas. Ungefähr zu jener Zeit entwickelten die Kamele flache, breite Polster an ihren Füßen, die das Gehen im Sand erleichterten, und bildeten auch den charakterischen Höcker zur Speicherung von Fett aus. Es ist ungeklärt, warum das Kamel schließlich in seinem Heimatkontinent ausstarb; doch breitete es sich in Asien weiter aus und wurde schließlich zum Inbegriff des Lebens in der Wüste.

Einer Legende zufolge, die sich 1900 Jahre bis zu dem römischen Naturphilosophen Plinius dem Älteren zurückverfolgen läßt, konnten Kamele Wasser in ihrem Magen speichern. So erklärte man sich, wie sie so lange ohne Wasser auskamen und warum sie vor einer Karawanenreise so große Mengen Wasser tranken. Dieser

Glaube war so fest verwurzelt, daß Reisende, die in der Wüste steckenblieben, den Magen ihrer Kamele aufschlitzten und die übelriechende Flüssigkeit tranken. In neuerer Zeit durchgeführte Untersuchungen haben jedoch ergeben, daß es sich nicht um Wasser, sondern um ausgesprochen salzige Verdauungssäfte handelt. Trotz alledem konnte der Magensaft, wie jede andere Flüssigkeit, durchaus für kurze Zeit lebensverlängernd wirken.

Dank ihrer guten Anpassung an die Wüstenbedingungen können Kamele, je nach der körperlichen Beanspruchung und dem Wetter, bis zu zehn Tage lang ohne Wasser auskommen. Ihr wolliges Fell isoliert gegen die Wärme und verringert die Verdunstung beim Schwitzen, so daß die verlorengehende Wassermenge den größtmöglichen Kühleffekt hat. Wegen der langen Beine befinden sich die lebenswichtigen Organe der Kamele in beträchtlicher Höhe über dem heißen Wüstenboden, an dem die Temperaturen sehr viel höher sein können als die der Umgebungsluft. Darüber hinaus haben die Kamele einen energiesparenden Bewegungsablauf, eine Art Zeitlupenbewegung, obwohl ihre Beine auch für hohe Laufgeschwindigkeiten durchaus geeignet sind.

Dennoch geht es auch bei den Kamelen nicht ohne Wasserverlust ab. Das Geheimnis ihres außerordentlich guten Schutzes gegen Austrocknung liegt in ihrem Körperfett. Aus diesem Fett, das im Höcker konzentriert und nicht gleichmäßig über den Körper verteilt ist, wo es die Abgabe der Körperwärme behindern würde, beziehen die Tiere nicht nur Energie, sondern auch Wasser. Jedes Gramm verbranntes Fett ergibt mehr als ein Gramm Wasser. So stellt ein typischer Höcker von ungefähr 40 Kilogramm zugleich einen Wasservorrat von knapp 40 Litern dar. In dem Maße, wie Fett zu Energie und Wasser umgesetzt wird, schrumpft der Höcker. Kamele können, ohne Schaden zu nehmen, bis zu einem Drittel ihres Körpergewichts verlieren. Ein Kamel soll einmal acht Tage lang ohne Wasser ausgekommen sein und dabei über 100 Kilogramm Gewicht verloren haben. Anschließend trank es 120 Liter Wasser, und innerhalb von Stunden war das Wasser gleichmäßig in seinem Körper verteilt. Das Fett im Höcker wurde ebenfalls, wenn auch etwas langsamer, ersetzt.

Die Kamelart, die in den Heißwüsten von Afrika und dem Mittleren Osten vorkommt – das Dromedar –, besitzt nur einen Höcker und hat eine braune bis weiße Färbung. Es ist nur als Haustier bekannt. Seine wilden Vorläufer dürften Arabien und Nordafrika besiedelt haben, wo sie in die Obhut des Menschen gelangten. Vermutlich entwickelten sie sich aus zweihöckerigen Vorfahren, die dem heutigen Wildkamel, der wilden Form des Trampeltieres, ähnlich waren. Dieses lebt in den kalten Wüsten Asiens, an die es durch seinen gedrungenen Körperbau und seinen dichten Winterpelz vorzüglich angepaßt ist. Heute gibt es nur noch etwa 1000 wilde Trampeltiere, die vor allem in der Wüste Gobi leben und strengen Schutz genießen. Die domestizierten Kamele sind als Reit- und Lasttiere geschätzt. Sie wurden durch den Menschen in Afrika und Asien weit verbreitet und auch in andere Länder eingeführt.

Es konnte nicht ausbleiben, daß Menschen, die Forschungen in ariden Gebieten durchführten oder anderweitig dort arbeiteten, sich überlegten, wie sehr ihre Arbeit mit Hilfe von Kamelen erleichtert würde. Im Jahre 1875 legte Ernest Giles die 4000 Kilometer weite Strecke von Port Augusta nach Perth, quer durch den australischen Kontinent, mit einer Herde von vierundzwanzig Dromedaren zurück. Die Reise dauerte fünf Monate, und die längste Strecke ohne Wasserversorgung betrug über 500 Kilometer. Sie führte durch ein Gebiet, das Giles mit folgenden Worten beschrieb: „Den Menschen unbekannt und von Gott verlassen." Nach einer Ruhepause von zwei Monaten kehrte Giles auf einer noch schwierigeren Nordroute nach Adelaide zurück. Die Benutzung von Dromedaren zur Erschließung der australischen Wüsten machte Schule. Auch auf der Madigan-Expedition des Jahres 1939, durch die der letzte unbekannte Fleck des Kontinents, ein Gebiet in der Simpson-Wüste in Zentralaustralien, erforscht und kartographiert wurde, kamen sie zum Einsatz. Doch trotz ihrer Bewährung als Lasttiere setzten sich

Fortpflanzung unter schwierigen Bedingungen

Die längste Zeit des Jahres übersteht der Südliche Schaufelfuß das Leben in der Sonora-Wüste Arizonas, indem er es in einem Erdloch verschläft. Wenn es Sommer wird, kriechen die Kröten bis dicht an die Oberfläche und verlassen die Erdlöcher bisweilen bei Nacht, um auf Nahrungssuche zu gehen. Bei Gewittern mit Wolkenbrüchen ist das Trommeln des Regens ein Signal für die Kröten, hervorzukommen und mit der Fortpflanzung zu beginnen.

Da ihr Lebenszyklus vom kurzen Vorhandensein des lebenserhaltenden Wassers bestimmt ist, legen die Weibchen innerhalb weniger Stunden nach dem Regen bis zu 1000 Eier pro Tier in kleine Regenwassertümpel. Von da an wird das Überleben der Jungen zu einem Wettlauf mit der Zeit und den Elementen, da das Wasser der Tümpel schnell verdunstet. Trocknet ein Tümpel zu rasch aus, gehen der Laich und die Kaulquappen darin zugrunde.

Dieser Gefahr begegnen die Tiere durch eine beschleunigte Entwicklung. Nur neun Tage nach der Befruchtung des Eies kann die Schaufelfuß-Kröte unter günstigen Bedingungen bereits das Kaulquappenstadium abgeschlossen haben und eine voll ausgebildete Kröte geworden sein. Wie ihre Eltern graben sich die Jungtiere rasch in die Erde ein, wo sie, abgesehen von nächtlichen Jagdausflügen, die Zeit bis zu den Regenfällen des nächsten Sommers verbringen.

Ein weiblicher Schaufelfuß kommt zur Paarung aus seinem Erdloch hervor. Zuerst jedoch widmet er sich der Nahrungsaufnahme. Während der kurzen Phase sommerlicher Aktivität muß das Tier genügend fressen, um für neun Monate Ruhezeit vorzusorgen.

Ein männlicher Schaufelfuß erfüllt die Nacht mit seinen Rufen, um ein Weibchen zu seinem schlammigen Tümpel zu locken. Gelingt es ihm, ein Weibchen derselben Art ausfindig zu machen, dauern Paarung und Eiablage die ganze Nacht hindurch an.

Nach der Paarung zieht sich ein ausgewachsener Schaufelfuß in den kühlen, nassen Schlamm zurück, um der Sonnenhitze zu entgehen. Er gräbt sich rückwärts ein, indem er den Schlamm mit hornigen „Schaufeln" an den Hinterfüßen beiseite schafft.

Etwa 36 Stunden nach der Eiablage schlüpfen winzige Kaulquappen aus. In den ersten Tagen ist ihre Existenz durch räuberische Lebewesen und die glühende Wüstensonne ständig bedroht.

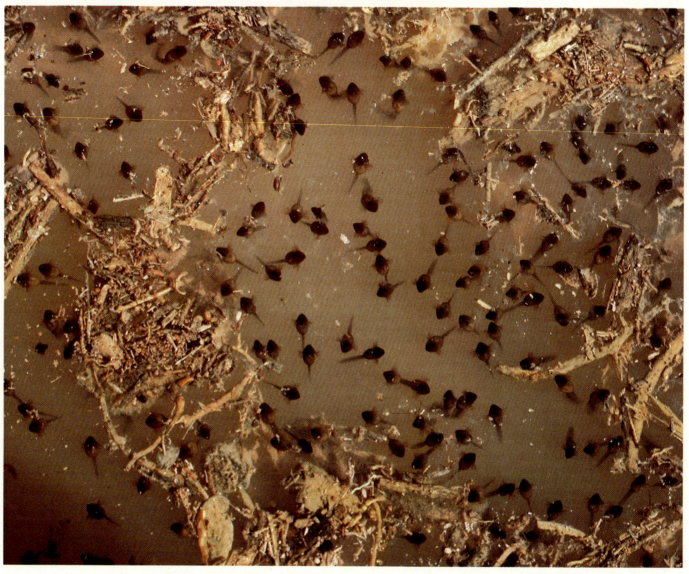

Die wenige Tage alten Kaulquappen haben bereits Beine entwickelt. Durch ihre Schwanzschläge wird der Wasserrest immer schlammiger.

Da das Wasser zu früh verdunstet ist, werden die Kaulquappen nicht überleben. Sie sind eine Beute der Ameisen. Gefahr lauert auch im schlammigen Untergrund: Bremsenlarven können mit ihren Mundwerkzeugen die Haut der Kaulquappen und Jungkröten durchbohren und sie aussaugen.

Dieses Jungtier, eines der wenigen Überlebenden, hat fast das Erwachsenenstadium erreicht. In den nächsten Tagen wird das Tier, das sich noch nicht eingraben kann, nach Schatten und Nahrung suchen und sich durch Schaffung von Körperreserven auf die bevorstehende lange Trockenruhe vorbereiten.

domestizierte Dromedare in Australien nicht durch, obgleich es noch eine Herde verwilderter Dromedare gibt, die durch die Wüsten Australiens zieht.

Den Versuchen, das Kamel in seiner ursprünglichen Heimat, in Nordamerika, wieder einzuführen, war noch weniger Erfolg beschieden. Major Henry C. Wayne, einem hohen Offizier im Stabe des Generalquartiermeisters der U.S. Army, gelang es in den fünfziger Jahren des vorigen Jahrhunderts, seine Vorgesetzten davon zu überzeugen, daß Kamele ideal zum Transport von Gütern und Gerät in den Trockengebieten des Südwestens eingesetzt werden könnten. Kriegsminister Jefferson Davis, dessen Interesse an dem Vorschlag zweifellos auf seine jahrelange Militärzeit an der abgelegenen westlichen Siedlungsgrenze zurückging, brachte die Idee über die Hürden des Kongresses. Dieser stellte schließlich das Geld für eine Schiffsladung von 34 Dromedaren zu Verfügung, die im Jahre 1856 in Texas eintrafen. Weitere 41 Tiere sollten im nächsten Jahr folgen. Ohne Schwierigkeiten zogen die Dromedare von Texas nach Kalifornien und begnügten sich mit Kakteen, Mesquitebüschen und Sarcobatus (die weder Pferde noch Maultiere fressen würden). Die Dromedare trugen schwerere Lasten als die ebenfalls mitgeführten

Zugtiere und überstanden die Reise in einem besseren Gesundheitszustand. In technischer Hinsicht war das Unternehmen also ein voller Erfolg.

Das Problem war eher psychologischer Natur. Jeder, der mit den Dromedaren in Berührung kam, entwickelte einen Haß auf sie. Sie waren störrisch, laut (beim Be- und Entladen stöhnten sie ganz erbärmlich) und bösartig, denn oft genug bissen sie ihre Führer. Überdies hatten sie einen üblen Geruch. Selbst Zivilisten fühlten sich durch ihre Gegenwart belästigt, auch wenn sie nichts mit ihnen zu tun hatten. Die Stadt Brownsville in Texas erließ eine Verordnung, durch die sie die übelriechenden Tiere von ihren Straßen verbannte. Maultiertreiber hielten es für unvereinbar mit ihrer beruflichen Ehre, sich mit den Dromedaren abzugeben. Selbst Armeepferde wurden störrisch, wenn man sie zusammen mit diesen Tieren in einen Stall pferchte. Trotz alledem wurden die Dromedare vor dem Ausbruch des Bürgerkriegs vier Jahre lang militärisch eingesetzt. Als sie dann den Konföderierten in die Hände fielen, hatten auch diese kein Glück mit ihnen. Nach dem Krieg experimentierten noch einige Privatunternehmen weiter mit den unbeliebten Tieren, aber als die Eisenbahnlinien schließlich immer weiter in den Südwesten vordrangen, wurden die Dromedarkarawanen überflüssig. Doch noch im Jahre 1920 wurden Geschichten von Farmern erzählt, die fast um den Verstand kamen, wenn plötzlich ein großes, unbekanntes Tier durch das Wohnzimmerfenster ihrer einsam gelegenen Häuser blickte. Abgesehen davon war jedoch das Dromedar aus Nordamerika wieder verschwunden.

Kamele und viele andere Wüstentiere können vollkommen ohne frei verfügbares Wasser auskommen, falls sie genügend Weidemöglichkeiten haben. Samen, Stengel und abgefallene Blätter bestehen zu ungefähr 50 Prozent aus Wasser; frische Vegetation, Früchte und das Gewebe von Sukkulenten enthalten sogar weit mehr. Viele in der Wüste lebende Pflanzenfresser beziehen das gesamte benötigte Wasser aus solchen Quellen, und da ihr Körper bis zu 75 Prozent aus Wasser besteht, versorgen sie ihrerseits fleischfressende Tiere mit der erforderlichen Wassermenge.

Der Skink, eine kleine, gewandte Echse, gräbt sich ein, um Verfolgern oder der glühendheißen Oberfläche der Westsahara zu entgehen. Die vergrößerten Schuppen der Zehen und der schaufelförmige Kopf erleichtern es dem Tier, sich in kurzer Zeit durch den lockeren Wüstensand zu wühlen.

Organismen, die keine pflanzliche Nahrung finden oder überhaupt keine Pflanzen fressen und auch nicht ohne Wasser auskommen, müssen sich ihrer Umgebung noch besser anpassen und die Fähigkeit zur Speicherung der lebensnotwendigen Feuchtigkeit entwickeln. In der Namib-Wüste im Südwesten Afrikas, wo Niederschläge genauso selten auftreten wie in großen Teilen der Sahara, ist dennoch reichlich Feuchtigkeit vorhanden – sie ist jedoch nur in Form von Nebel in der Atmosphäre verfügbar.

Bestimmte Schwarzkäfer können den Nebel für sich nutzen, denn sie sind sogenannte Kaltblüter, präziser „ektothermische" Tiere, was bedeutet, daß sie ihre Körperwärme von äußeren Wärmequellen, vornehmlich der Sonne, beziehen. Morgens, wenn die Käfer kälter als die Umgebungsluft sind, sitzen sie auf den Kämmen der Dünen. Sie halten den Kopf dem vom Atlantischen Ozean hereinkommenden Nebel entgegen, während ihre Hinterbeine oben auf der Kammlinie und ihre Vorderbeine tiefer auf dem seewärts geneigten Hang der Düne liegen. Der Nebel kondensiert auf ihrem kühlen Rücken, und die sich bildenden Wassertröpfchen rinnen ihnen in den Mund. Die Peringuey-Zwergpuffottern erzielen die

gleiche Wirkung, indem sie sich auf den nebelverhangenen Dünen zusammenrollen und die sich bildende Feuchtigkeit von ihrem Körper ablecken.

Um in Dünengebieten und anderen Teilen von Sandwüsten erfolgreich überleben zu können, müssen die Tiere in der Lage sein, Terrain zu überqueren, das rutschig ist und sich in unstabiler Lage befindet. Einige Lebewesen haben deshalb ganz spezifische Arten der Fortbewegung entwickelt. Zu den eindrucksvollsten gehört wohl die der Seitenwinder-Klapperschlange. Anstatt, wie die meisten Schlangen, vorwärts zu gleiten, bewegt sie ihren Körper in seitlicher Richtung voran. Sie sucht sich an zwei oder drei Stellen im Sand Halt und bildet dann seitlich mit dem Körper einen Bogen, wodurch sie eine rutschfreie Diagonalbewegung macht, die noch den zusätzlichen Vorteil hat, daß sie die Berührung des Körpers mit dem unangenehm heißen Sand vermindert.

Auf mehreren Kontinenten, so in Australien und Afrika, hat sich eine Echsenfamilie entwickelt, deren Mitglieder als Skinke bezeichnet werden. Ihre Gliedmaßen sind verkümmert oder fehlen ganz. Diese Stromliniengestalt erlaubt ihnen eine vollkommen unterirdische Lebensweise, bei der sie auf der Suche nach Insekten oder anderen Beutetieren durch den Sand „schwimmen". Andere Echsen haben an ihren Zehen vergrößerte Schuppen, die das Fortkommen im lockeren Sand ermöglichen, oder es sind Schwimmhäute zwischen den Zehen ausgebildet. Die schaufel- oder keilförmige Kopfform mancher Echsen erleichtert wahrscheinlich das Eingraben in den Sand, und lichtdurchlässige Augenlider bilden Schutz gegen Sandstürme und erhalten trotzdem das Sehvermögen.

Eine Reihe von Wüstentieren kann auf zwei Beinen laufen. Diese Anpassungsform scheint den Vorzug größerer Geschwindigkeit und Beweglichkeit bei der Flucht vor Raubtieren zu haben. Sie findet sich beim amerikanischen Taschenspringer, den australischen Springratten und ihrem ökologischen Gegenstück in Afrika, der Wüstenspringmaus, und natürlich beim Känguruh. Eines der am besten angepaßten zweibeinigen Wüstentiere ist jedoch ein Vogel, eine Kuckucksart, die als Rennkuckuck bezeichnet wird. Die Füße dieses Kuckucks, die in vorzüglicher Weise den Lebensbedingungen angepaßt sind, haben ihn in den Trockengebieten des amerikanischen Westens zu einem vielbestaunten Wunder gemacht.

Vier in Form eines X angeordnete Zehen verleihen dem Fuß des Rennkuckucks eine bemerkenswert gute Greiffähigkeit. Dadurch kann der Vogel bis zu 25 Stundenkilometer schnell über heißen Sand laufen. Obwohl der Rennkuckuck fliegen oder zumindest gleiten kann, benutzt er seine Stummelflügel vorwiegend als Stabilisatoren beim Laufen. Der Anblick ist eindrucksvoll, um nicht zu sagen komisch. Seinen amerikanischen Namen *roadrunner* (Straßenläufer) erhielt er in den frühen Tagen des amerikanischen Westens, als er die Reisenden dadurch amüsierte, daß er direkt vor ihren Pferden die Straßen entlangrannte.

Obgleich der Rennkuckuck nicht größer als ein schlanker Fasan wird, ist er seinem erbittertsten Gegner in der Wüste, der Klapperschlange, mehr als ebenbürtig. Beim direkten Duell weicht der Vogel den Stößen der Schlange geschickt aus und trifft dann den Kopf der Schlange mit einem kräftigen, gewöhnlich tödlichen Stoß mit seinem fünf Zentimeter langen Schnabel. Wenn die Schlange tot ist, würgt der Rennkuckuck sie, mit dem Kopf voran, hinab. Weil die Schlange häufig größer ist als sein Magen, spaziert der Vogel stundenlang mit dem heraushängenden Schwanzende durch die Gegend, bis seine Beute verdaut ist.

Wegen seiner Flinkheit kann der Rennkuckuck Nahrung und Wasser auch in großen Entfernungen finden. Langsamere Tiere haben ausgeklügelte Techniken zur Speicherung von Nahrung und Wasser entwickelt, die sie wenigstens einigermaßen gegen Mangel schützen. Die Ernteameisen sammeln Tausende von Samen. Die Honigameisen des amerikanischen Südwestens haben eine besonders ungewöhnliche Vorratshaltung. Es gibt unter ihnen Tiere, die als „Honigtöpfe" bezeichnet werden. Wenn in der feuchten, kühleren Jahreszeit reichlich Nahrung zur Verfügung steht, stopfen die Arbeiterameisen flüssige Nahrung in den Kropf der „Honigtöpfe". Diese Tiere haben einen Vorratsmagen, der vom Verdauungssystem abgetrennt ist. Wenn sie so vollgestopft sind, daß sie sich kaum mehr bewegen können, kriechen diese lebenden Vorratsbehälter zur Decke ihrer unterirdischen Bauten und hängen dort wie bauchige Flaschen mit dem Kopf nach unten herab. In Zeiten des Mangels zapfen ihnen die anderen Ameisen der Kolonie den honigartigen Inhalt wieder ab. Ein australisches Beuteltier, die Schmalfuß-Beutelmaus, kann in Zeiten des Überflusses wie die Kamele Fett speichern, jedoch nicht in einem Höcker, sondern in ihrem Schwanz. Bei Bedarf verbraucht die Maus das gespeicherte Fett, und ihr verdickter Schwanz wird wieder dünn.

Trotz dieser ausgefallenen Strategien zum Schutz gegen Mangel ist die Nahrungskette in der Wüste größtenteils genauso wie anderswo: Die Pflanzen ernähren mit zehn Prozent ihres eigenen Gewichts die Pflanzenfresser und diese wiederum mit durchschnittlich zehn Prozent ihres eigenen Gewichts die Fleischfresser. Wer innerhalb dieser Kette nicht dem einen oder anderen Lebewesen zum Opfer fällt, stirbt an anderen Ursachen und wird so zu organischer Substanz, die als gleichermaßen wichtige Nahrungsquelle von Aasfressern verarbeitet wird.

Aber in einigen Teilen der Namib-Wüste und der Atacama- und Sechura-Wüste in Südamerika, wo es so trocken ist, daß es so gut wie keine Dauervegetation gibt, kann die Nahrungskette auch in signifikanter Weise verändert sein. Der Peruanische Kampffuchs der Atacama- und Sechura-Wüste ernährt sich entweder als Pflanzenfresser, als Fleischfresser (was er vorzieht) oder als Aasfresser, je nach den veränderlichen Gegebenheiten seiner Umwelt. Im Gegensatz zu Allesfressern, die von Natur aus auf unterschiedliche Nahrungsquellen eingestellt sind, wird der Fuchs von den Umständen zur Änderung seiner Gewohnheiten gezwungen. Wenn Fleisch knapp ist, Pflanzen jedoch verfügbar sind, ist er Vegetarier; zu einer anderen Jahreszeit ernährt er sich von Nagetieren, und wenn keines von beiden zur Verfügung steht, frißt er tote Meeresorganismen, die am Strand angespült werden. Wenn der Fuchs ausschließlich auf organische Abfälle angewiesen ist, muß er mit einer Reduktion der normalen Nahrungskette fertigwerden, wie sie sonst nur noch in großen Meerestiefen auftritt, in die nicht genügend Licht für das Wachstum von Meerespflanzen fällt. Dort müssen sich die Lebewesen ausschließlich von organischen Resten ernähren, die von oben herabsinken. Ähnlich geht es nur noch den Troglobionten, Formen, die abgelegene Tiefen von Höhlen bewohnen und auf das angewiesen sind, was zufällig zu ihnen gelangt.

Gerade die Härte der Lebensbedingungen in ariden Landschaften läßt gewisse Prinzipien in der Ökologie und der Evolution, die auch in anderen Lebensräumen Gültigkeit haben, deutlich werden. In der Wüste Thar in Indien und Pakistan z. B. leben drei Echsenarten in derselben sandigen Umwelt. Wenn sie alle auf die gleiche Nahrung spezialisiert wären, würden eine oder zwei Arten wegen der begrenzten Nahrungsmöglichkeiten verdrängt werden. Eine Echsenart ernährt sich jedoch ausschließlich von Insekten, die zweite von anderen Echsen (einschließlich ihrer eigenen Art), und die dritte ernährt sich von Pflanzen. Wieder andere Echsenarten bevorzugen eine felsige Umgebung, und ihre Nahrungsgewohnheiten sind ebenfalls unterschiedlich: Eine frißt Insekten und kleine Eidechsen, eine andere große Nagetiere und Schlangen. Diese verbesserte Ausnutzung eines Lebensraumes durch Anpassung und Spezialisierung tritt nirgendwo deutlicher hervor als im grellen, heißen Licht der Wüstensonne.

Eine Honigameise hängt am Dach ihrer Kolonie im nördlichen Mexiko. Arbeiterinnen füttern diese lebenden Vorratsbehälter mit flüssigen Kohlehydraten, wenn reichlich Nahrung zur Verfügung steht. In Trockenzeiten, wenn die Nahrungsquellen dann versiegen, liefern die Speichertiere den Nektar zur Ernährung der gesamten Kolonie.

Die Hitze der stets gegenwärtigen Sonne und die Wasserknappheit sind für alle Wüstenbewohner die größte und beständigste Probe auf ihre Überlebensfähigkeit. Zahlreiche Wüstentiere haben helle Farben, oft die Farbe des Sandes oder des umgebenden Gesteins. Dies ist nicht nur eine Schutzfarbe, eine Tarnung zur Täuschung anderer Tiere, die auf sie Jagd machen, sondern trägt auch zur Reflexion der intensiven Sonnenstrahlung bei.

Trotzdem leben diese Tiere in ständiger Gefahr der Überhitzung. Einige nehmen mit ihrer Nahrung so viel Wasser auf, daß sie sich durch Verdunstungskälte, durch Hecheln – wie es bei den Fleischfressern, z. B. Wölfen und Füchsen, der Fall ist – oder durch Transpiration – wie bei den großen Pflanzenfressern, etwa Zebras und Gazellen – kühlen können. Bei anderen Tieren wird der Überhitzung durch eine Art Radiator-Effekt vorgebeugt, beispielsweise beim Eselhasen und zahlreichen Wüstenfüchsen, deren übergroße Ohren zur Oberflächenvergrößerung dienen, ohne die Größe des Tieres wesentlich zu erhöhen. Die schlanken Körper und Hälse und die langen, dünnen Beine der Dorkas-Gazellen in Afrika und Asien erfüllen den gleichen Zweck.

Um für die Wüstennacht Wärme zu speichern, breitet ein Rennkuckuck die Flügel aus und sträubt seine Federn. Dadurch wird ein dunkler Hautfleck auf seinem Rücken freigelegt, der wie eine Solaranlage wirkt. Durch die Nutzung der Sonnenwärme spart der Vogel zum Überleben wichtige Kalorien.

Unterirdische Bauten dienen zahlreichen Wüstenbewohnern, die nachts auf Nahrungssuche gehen, am Tage als Zufluchtsort. Dieses Verhalten kommt in der Wüste wesentlich häufiger vor als unter irgendwelchen anderen Umweltbedingungen. Auf diese Weise entgehen zahlreiche Nagetiere der Wüstenhitze, wie z. B. der Taschenspringer, die Springratten und die Wüstenspringmaus. Eine bestimmte Echsenart kann sich durch unterschiedliche Körpertemperaturen in hervorragender Weise an die täglichen und jahreszeitlichen Schwankungen der Temperatur in der Wüste anpassen. Wenn ein aktiver Zustand erforderlich ist, regt die Sonnenhitze ihren Stoffwechsel an. Bei ungünstigen Bedingungen kriecht die Echse in ihren kühlen Bau und verlangsamt ihren Stoffwechsel, um Wasser und Energie zu sparen. Einige Echsenarten richten sich am Morgen in einem Winkel von 90 Grad zu den Sonnenstrahlen aus, doch mit fortschreitender Erwärmung am Tage nehmen sie eine Stellung parallel zu den Sonnenstrahlen ein, um der direkten Einstrahlung die kleinstmögliche Oberfläche zu bieten.

Etliche Wüstennagetiere und einige Vögel überstehen langanhaltende Trockenperioden durch eine Art Starre, in die ihr Körper verfällt. Sie verlangsamen ihren Stoffwechsel, bis sie einen Zustand erreicht haben, der das Gegenstück zur Winterstarre kalter Klimate darstellt. Die wenige im Boden vorhandene Feuchtigkeit ist nur unterirdisch zu erreichen, und so leben zahlreiche Tiere monatelang in kühlen Bauten unter der Wüstenoberfläche.

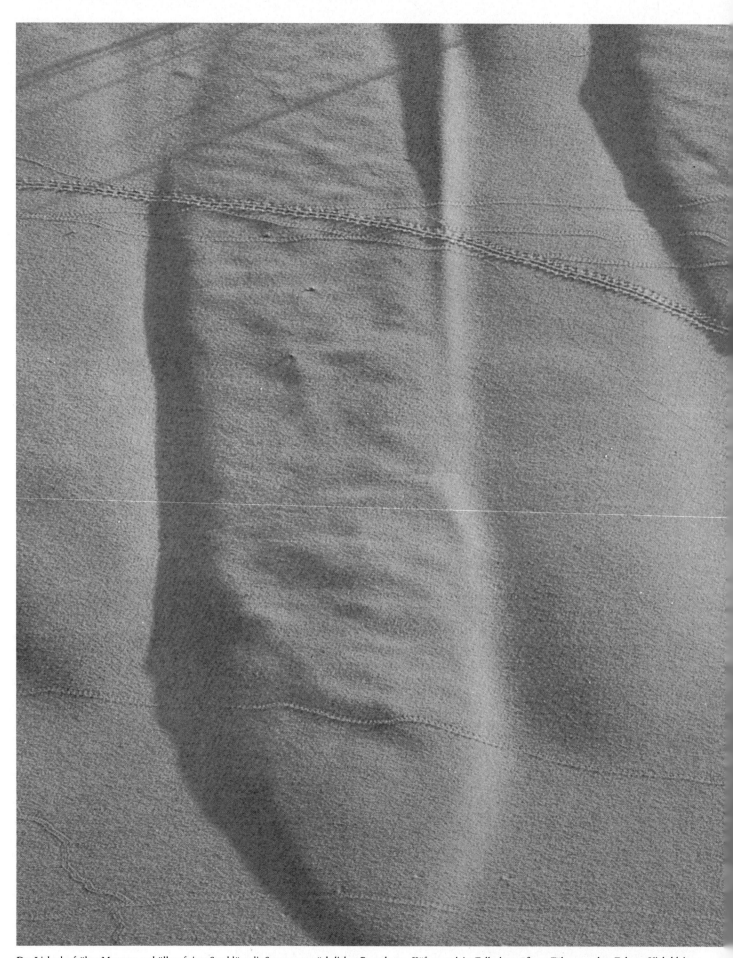

Das Licht des frühen Morgens enthüllt auf einer Sanddüne die Spuren von nächtlichen Besuchern – Käfern und, im Falle der größeren Fährten rechts, Echsen. Viele kleine

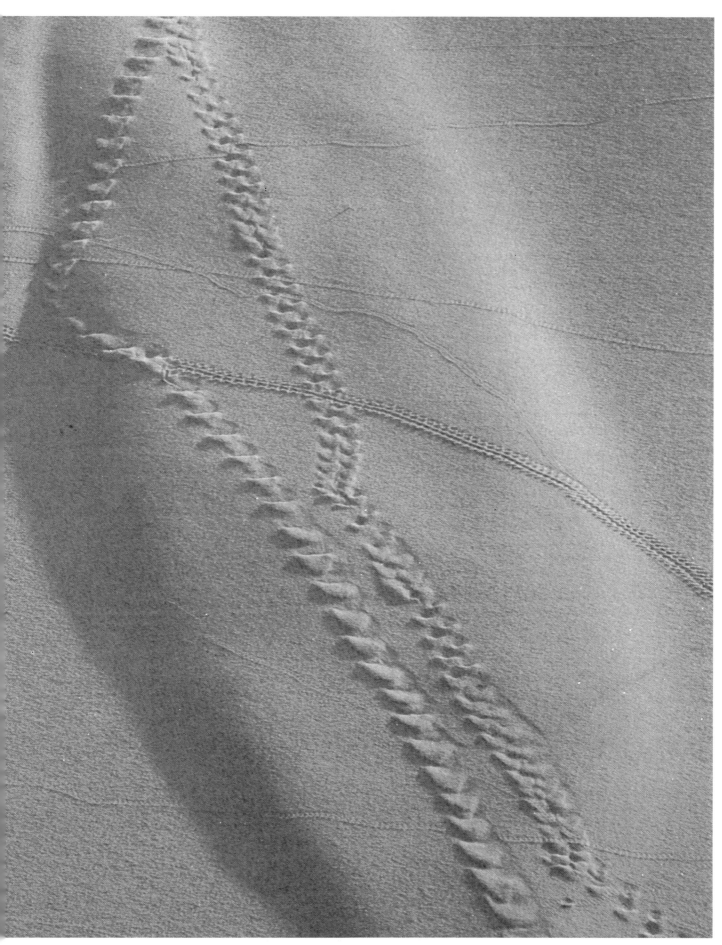
Wüstentiere kommen erst aus ihren Erdlöchern hervor, wenn die Dunkelheit ihre Aktivitäten verbirgt und den Sand abkühlen läßt.

Von allen Wüstentieren mit ihren vielen unterschiedlichen Überlebensstrategien hat wohl keines so bewundernswürdige Anpassungsleistungen vollbracht wie die Nutalls-Nachtschwalbe, die in den Kältewüsten Nordamerikas zu Hause ist. Frühjahr, Sommer und Herbst beginnt sie die Nahrungssuche in der Kühle des Abends und fängt Insekten, die in der Nachtluft herumschwirren. Mit ihren abgerundeten Schwingen ist sie zu pfeilschnellen Richtungsänderungen in der Lage, ähnlich einer Fledermaus. Beim Fliegen hält sie ihren übergroßen, schaufelförmigen Schnabel und ihren Schlund weit offen. Sie braucht bei der Nahrungsaufnahme nicht ein einziges Mal den Boden zu berühren. Während der warmen Monate kann sie sich tagsüber in der relativen Kühle ihres Nestes aufhalten.

Die Nutalls-Nachtschwalbe ist auf diese Weise also gegen Hitze und Hunger gefeit. Da sie bei Bedarf auch Wasserquellen aufsuchen kann, leidet sie mehr als die Hälfte des Jahres in der Kältewüste keine Not. Bis vor kurzem wußte jedoch niemand, was diese Nachtschwalben im Winter machen, noch wo sie sich aufhalten, denn in den kältesten Monaten waren sie überhaupt nicht zu beobachten. Man nahm an, daß die Vögel wie andere Schwalbenarten einfach in andere, weniger lebensfeindliche Klimazonen zogen. Ein Winterschlaf war auszuschließen, weil der Stoffwechsel von Vögeln nicht in nennenswerter Weise verlangsamt werden kann. Einige Vögel müssen, um am Leben zu bleiben, täglich das Mehrfache ihres eigenen Gewichts in Form von fester oder flüssiger Nahrung zu sich nehmen, und so schien es unmöglich, daß irgendein Vogel seinen Stoffwechsel so weit drosseln könnte, daß er einen Winterschlaf überstehen würde.

Als man an einem Dezembertag in einer Felsnische in den Chuckawalla Mountains der Mojave-Wüste eine steifgefrorene Nutalls-Nachtschwalbe entdeckte, schien dies ebenfalls gegen die Annahme eines Winterschlafs zu sprechen. Das Tier, das ein Naturforscher zufällig gefunden und aus seiner Nische herausgezogen hatte, fühlte sich ungewöhnlich leicht an, wie ein Vogel, der verhungert oder nach seinem Tode ausgetrocknet war. Der Wissenschaftler legte ihn an seinen Fundort zurück und kam zehn Tage später wieder an dieselbe Stelle, um ihn als Kuriosität

Ein australischer Frosch schafft sich seinen Schutz gegen die Trockenheit selbst. Die längste Zeit des Jahres verbringt er – eingehüllt in eine Hautschicht, die die Körperfeuchtigkeit hält – schlafend in seinem Erdloch. Er verläßt sein Versteck nur während der seltenen Regenfälle. Die Schutzhaut begrenzt den Feuchtigkeitsverlust dieses Frosches auf ein Zehntel des Verlustes bei ungeschützten Arten.

einem Freund zu zeigen. Seiner Meinung nach hatte die Nachtschwalbe es nicht geschafft, vor dem Einbruch des schlechten Wetters nach Süden zu fliegen, und war an der Kälte zugrunde gegangen. Als aber einer der Wissenschaftler den Vogel in die Hand nahm, um ihn für ein Photo in die Höhe zu halten, breitete die Nutalls-Nachtschwalbe elegant ihre Flügel aus und flog davon – um sich in einer anderen Spalte erneut zur Ruhe zu begeben.

Im nächsten Jahr kehrte der Vogel zum Nisten in dieselbe Spalte zurück. Er wurde im Spätherbst genauer untersucht, wobei man feststellte, daß diese Nachtschwalbe tatsächlich und mit erstaunlicher Kunstfertigkeit überwintert. Sie wurde noch einmal aus ihrem Versteck in der Felswand herausgenommen und mit einem Stethoskop untersucht. Es ließ sich jedoch kein hörbarer Herzschlag feststellen. Auch auf dem Spiegel, den man ihr an die Nasenöffnungen hielt, kondensierte keine Atemfeuchtigkeit. Ihre Körpertemperatur war von den normalen 42° C auf 18° C abgefallen, was fast völliger Leblosigkeit gleichkam. Die Nachtschwalbe wurde daraufhin in ein Laboratorium gebracht und dort drei Monate lang bei tiefen Temperaturen aufbewahrt, ohne daß irgendein Lebenszeichen feststellbar gewesen wäre. Als sie jedoch nach dieser Zeit wieder aufwachte, war sie so gesund und quicklebendig wie vor ihrem Winterschlaf.

Noch erstaunlicher war die Tatsache, daß der Vogel, wenn man ihn im Wachzustand wieder in ein Kühlgerät steckte, keinerlei Schaden nahm und auch sonst nicht zu leiden schien. Er fiel einfach sofort wieder in seinen Winterschlaf zurück. Bei Säugetieren ist dies nicht möglich. Sie benötigen normalerweise mehrere Wochen, um ihren Stoffwechsel zum Überwintern zu verlangsamen. In den hoch gelegenen Formationen einer Kältewüste kann jedoch die Wärme eines Spätsommers innerhalb von Stunden arktischen Winden mit Temperaturen unter Null weichen. In den langen Zeiträumen ihrer Entwicklung hat sich die Nutalls-Nachtschwalbe an diesen abrupten Wechsel der Jahreszeiten angepaßt und dabei die Fähigkeit zum sofortigen Übergang in die Winterruhe entwickelt – sicherlich die beste Lösung für die außergewöhnliche Härte der Lebensbedingungen, unter denen die Bewohner der Wüste sich behaupten müssen.

ANPASSUNG AN EINE FEINDLICHE UMWELT

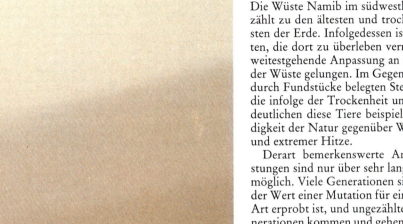

Die Wüste Namib im südwestlichen Afrika zählt zu den ältesten und trockensten Wüsten der Erde. Infolgedessen ist den Tierarten, die dort zu überleben vermochten, die weitestgehende Anpassung an das Leben in der Wüste gelungen. Im Gegensatz zu einer durch Fundstücke belegten Steinzeitkultur, die infolge der Trockenheit unterging, verdeutlichen diese Tiere beispielhaft die Findigkeit der Natur gegenüber Wassermangel und extremer Hitze.

Derart bemerkenswerte Anpassungsleistungen sind nur über sehr lange Zeiträume möglich. Viele Generationen sind nötig, bis der Wert einer Mutation für eine bestimmte Art erprobt ist, und ungezählte weitere Generationen kommen und gehen bis zur Ausbreitung der erfolgreichen Mutante. Tiere wie die hier und auf den folgenden Seiten gezeigten haben seit Millionen Jahren in Trockengebieten gelebt. Die Selektion hat jene Formen begünstigt, die schließlich selbst Wasser gewinnen konnten – wie der Käfer links – oder breite, schneeschuhartige Füße entwickelten, die das Gehen auf lockerem Sand erleichtern.

Diese Tiere – allesamt Bewohner der Namib und der benachbarten Kalahari – sind so spezialisiert, daß ein Wissenschaftler in ihnen „eine Vorschau auf die spektakulären Anpassungen an die Trockenheit" erblickte, „denen wir in den bekannteren Wüsten der Erde begegnen würden, wenn wir in Millionen Jahren wieder zur Welt kämen".

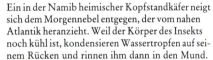

Ein in der Namib heimischer Kopfstandkäfer neigt sich dem Morgennebel entgegen, der vom nahen Atlantik heranzieht. Weil der Körper des Insekts noch kühl ist, kondensieren Wassertropfen auf seinem Rücken und rinnen ihm dann in den Mund.

Ein junges Flughuhn in schützender Tarnkleidung schlürft Wasser vom Bauchgefieder seines Vaters. Das Tier durchnäßt sein wasserhaltendes Gefieder in einem entfernten Wasserloch und trägt auf diese Weise bis zu 30 Gramm Wasser zu seinen Jungen.

Auf der Hut vor Gefahren ist diese Löffelfüchsin, die ihre Welpen bewacht. Die großen Ohren haben zwei Vorteile: Sie schärfen das Gehör und vergrößern die Oberfläche des Tierkörpers, was seine Fähigkeit zur Abstrahlung überschüssiger, belastender Wärme an die Umgebung verbessert.

Mit einer blitzschnellen Bewegung seiner rosa Zunge säubert ein Wüstengecko seine lidlosen Augen. Die beinahe transparente Echse verbringt die Tagesstunden unter dem Sand, gleitet aber bei Nacht auf den breiten, mit Häuten versehenen Füßen mühelos über ihn hin. Die Füße dienen dem Tier zugleich als Grabwerkzeuge, wenn es seinem gefährlichsten Feind, der Schlange, zu entkommen sucht.

Eine Peringuey-Zwergpuffotter hinterläßt eine verräterische Spur im Sand der Wüste Namib. Die ungewöhnliche Fortbewegungsart der Schlange wirkt der Tendenz des lockeren Sandes entgegen, unter ihrem Körper wegzurutschen. Auf zwei Körperstellen gestützt, schlängelt sie sich in seitlicher Richtung. Dadurch entstehen die parallelen Abdrücke im Sand. In ähnlicher Weise bewegen sich auch die Seitenwinder-Klapperschlange Nordamerikas und die Avicenna-Viper Nordafrikas fort.

Ein seichter Tümpel in der Wüste Namib, der durch einen der seltenen Regenfälle gefüllt wurde, wimmelt von winzigen Kiemenfußkrebsen. Diese etwa zwölf Tage alten Jungtiere tragen bereits eine neue Generation von Kiemenfußkrebsen mit sich: Durch ihre transparenten Körper sind die Eier sichtbar. Sobald das Wasser des Tümpels verdunstet, können die befruchteten Eier 20 – vielleicht sogar 100 – Jahre im ausgetrockneten Schlamm liegen, bis ein Regenguß sie zum Leben erweckt.

In Ermangelung einer größeren Pflanze oder eines Felsens, die Schatten spenden könnten, benutzt ein Borstenhörnchen in der Kalahari seinen Schwanz, um sich einen schattigen Platz zu schaffen.

Die wachsamen Augen und die gespaltene Zunge einer Peringuey-Zwergpuffotter geben einen kaum sichtbaren Hinweis auf die im Sand verborgene Gefahr. Die Schuppen der Schlange ähneln in Farbe und Beschaffenheit dem Sand, und die vorstehenden Augen bieten dem Reptil selbst dann einen guten Rundblick, wenn es fast ganz eingegraben ist.

Kapitel 4

DER KAMPF GEGEN DIE SANDMASSEN

Die Wüsten der Erde breiten sich weiter aus. Eine allmähliche oder auch plötzliche Veränderung des Klimas bewirkt zusammen mit anderen sich ändernden ökologischen Bedingungen, daß große Teile der Kontinente austrocknen. Dieser Vorgang, Desertifikation genannt, wird häufig durch Eingriffe des Menschen in das labile Ökosystem an den Rändern der bestehenden Wüsten noch beschleunigt.

Das sichtbarste Symptom der Desertifikation ist die Bodenerosion, eine fortwährende Landschaftszerstörung, die sowohl in trockenen als auch in feuchten Perioden unaufhaltsam weitergeht. Während langer Trockenperioden reißt der Boden auf; die Bodenmasse wird zu Partikeln, die von Wind und Sturm fortgeweht werden. Ein Großteil des fruchtbaren Oberbodens wird auf diese Weise fortgetragen; er verstopft Wasserstellen und wird zu Sanddünen aufgehäuft.

Wenn schließlich Regen diese Landstriche erreicht, wirkt er sich keineswegs nur segensreich aus. Er fördert zwar die Vegetation, aber er verursacht damit auch eine sprunghafte Vermehrung unter den Pflanzenfressern – dem Vieh sowie Kaninchen und Nagern. Weidende Tiere – sowie Schwärme von Insekten – drängen sich nun um die aufgefüllten Wasserstellen und fressen alle im Umkreis wachsenden Pflanzen ab. Zudem können heftige Regenfälle eine ebenso große erodierende Wirkung haben wie der Wind. Wo nicht genügend Vegetation vorhanden ist, die mit ihren Wurzelsystemen die Feuchtigkeit aufnehmen könnte, schwemmt der Regen den Boden fort und hinterläßt eine von Furchen zerkerbte Landschaft.

Wenn Desertifikation einzutreten droht, neigen die Menschen gewöhnlich zu falschen Reaktionen, nämlich zu intensiviertem Ackerbau und Überweidung, in der verzweifelten Hoffnung, auf diese Weise Vorräte für schlechte Zeiten anzulegen. Dadurch werden die Menschen, deren Existenz in der harten Umwelt ständig gefährdet ist, sowohl zu den eigentlich Schuldigen an der Ausbreitung der Wüsten als auch zu ihren Opfern.

Es handelt sich hier um ein weltweites Problem. Teile von mehr als 100 Ländern – 27 davon allein in Afrika – leiden unter der Desertifikation. Jedes Jahr gehen 60 000 Quadratkilometer nutzbares Land verloren. Der jährliche Ertragsverlust beläuft sich auf fast 70 Milliarden DM. Da das Problem zum großen Teil vom Menschen verursacht wurde, liegt es häufig auch in seiner Macht, es zu beseitigen. Einige der Lösungen sind verblüffend einfach, andere jedoch nicht nur kompliziert, sondern auch teuer. In einer Studie der Vereinten Nationen von 1980 wird geschätzt, daß es 230 Milliarden DM kosten würde, wenn man bis zum Ende dieses Jahrhunderts dem Vormarsch der Desertifikation Einhalt gebieten wollte.

Seit mindestens einem Jahrhundert ist den Wissenschaftlern bekannt, daß sich die Sahara ständig nach Süden ausweitet. Die Wüste rückte jedoch nicht, wie man vielleicht vermuten könnte, in einer breiten Front von Dünen vorwärts, die wie ein Gletscher aus Sand alles in ihrem Wege erstickten. Vielmehr breitete sie sich wie Pocken aus. An vereinzelten Stellen traten kahle Flecken auf, und der Pflanzenwuchs verkümmerte, woraufhin die dünne Oberbodenschicht fortgeweht wurde. Die kahlen Regionen wurden größer und zahlreicher und gingen schließlich ineinander

Ein Afrikaner durchwandert die Reste eines Akazienwaldes im Senegal, einem der Staaten südlich der Sahara, die durch das Vordringen der Wüste bedroht sind. Jahre der Dürre leiteten den Niedergang des Waldes ein. Dann fraß das hungernde Vieh die Blätter von den erreichbaren Zweigen, und schließlich wurden die Äste geschlagen, um das Holz zu verfeuern.

Eine vom Wind vorangetriebene Sandflut verschlingt im Jahre 1981 die Hütten eines Dorfes in Mauretanien. Meistens vollzieht sich das Vordringen der Wüste weniger aufsehenerregend, wie beispielsweise an dem Wald rechts zu erkennen ist, in dem sich nur einige Sandflecken auszubreiten beginnen.

über. Auf diese Weise wuchs die Sahara jedes Jahr um etwa sechseinhalb Kilometer – eine Rate, die als gravierend, aber nicht als katastrophal empfunden wurde. Dann jedoch beschleunigte sich der Prozeß besorgniserregend.

In den späten sechziger und frühen siebziger Jahren unseres Jahrhunderts herrschte in weiten Teilen der Welt eine verheerende Dürre. Nirgends waren ihre Auswirkungen zerstörerischer als in dem breiten Streifen semiarider Gebiete unmittelbar südlich der Sahara, die man als Sahel bezeichnet. Die Sahelzone erstreckt sich von der Atlantikküste ostwärts über die Grenzen von sechs in jüngerer Zeit unabhängig gewordenen Staaten hinweg, die früher zum französischen Kolonialbesitz in Afrika gehörten. Es handelte sich um eine Region, die mit ihren verstreuten Bäumen, Büschen und jahreszeitlich wachsenden Gräsern die Existenzgrundlage einer einfachen Agrargesellschaft bildete.

Die Nomaden, die seit Jahrhunderten den Großteil der Bevölkerung der Sahel ausmachten, lebten von Rindern, Dromedaren, Eseln, Ziegen und Schafen. Sie durchstreiften riesige Gebiete, um Weidegründe für ihre Herden zu finden. Im Gegensatz dazu war die übrige Bevölkerung ausgesprochen seßhaft. Es handelte sich um Bauern, die sich an den wenigen kultivierbaren Stellen niedergelassen hatten und die für das Gedeihen ihrer Pflanzungen – Baumwolle, Bohnen, Obst, Hirse, Sorghum und Mais – von dem zwischen Juni und Oktober fallenden Regen

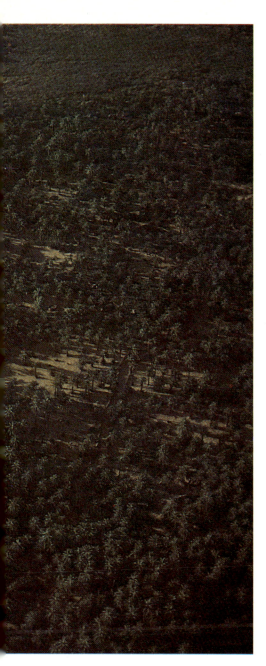

abhängig waren. Wie die meisten Menschen in den Entwicklungsländern waren die Bewohner des Sahel auf Holz als Brennmaterial angewiesen, das sie von vereinzelten Büschen und gegen Trockenheit resistenten Bäumen sammelten.

Ironischerweise war es gerade eine Folge guter Jahre, die die Bevölkerung des Sahel ins Unglück stürzte. Während der sechziger Jahre fielen ein halbes dutzendmal die Regenzeiten ergiebiger aus als gewöhnlich. Hierdurch ermutigt, wagten die zähen Nomaden, mit ihrem Vieh zum Weiden weiter nach Norden in die Wüste vorzudringen als zuvor. Sie vergrößerten zudem ihre Herden. In ihrem Gefolge breiteten sich die Ackerbauern aus. Sie bestellten auch ertragsarme Böden, die man bisher allgemein als nur für die Beweidung geeignet angesehen hatte. Internationale Hilfsorganisationen unterstützten die Bevölkerung beim Bau tieferer Brunnen, durch die es möglich wurde, die übliche Nomadenwirtschaft zum Teil aufzugeben und das Vieh an einem festen Standort zu halten. Zur selben Zeit ließ die Einführung moderner Gesundheitsfürsorge in dieser Gegend die Sterberate drastisch sinken, so daß sich auch die menschliche Bevölkerung vermehrte.

Nach Generationen bloßer Subsistenzwirtschaft schien die Sahelzone auf der Schwelle zum Wohlstand zu stehen. In Wirklichkeit jedoch war sie noch nie so gefährdet gewesen. Im Jahre 1968 begannen die Regenfälle zurückzugehen, und 1970 blieben sie völlig aus. Eine Dürre war für die Region nichts Neues; dies war das dritte größere Auftreten von Wassermangel in diesem Jahrhundert. Einzelne Dürrejahre waren normal, doch nun traten mehrere regenarme Jahre hintereinander auf. Das Ergebnis war eine menschliche und ökologische Katastrophe.

Passatwinde vom Norden und Süden treffen in der Nähe des Äquators in der sogenannten innertropischen Konvergenz aufeinander. Dadurch entstehen Wolken und Aufwinde. In normalen Jahren verschiebt sich diese Zone nach Norden über den Sahel und bringt eine den Sommer über andauernde Regenzeit mit sich. Im Jahre 1968 jedoch trat irgendeine kleine Störung auf. Vielleicht bestand sie in einer Abschwächung der Luftströmungen in der innertropischen Konvergenz oder in einer Abkühlung der Wassermassen des Atlantiks, die den Feuchtigkeitsgehalt der Winde senkte. Jedenfalls blieben die Regenmengen im Sahel fünf Jahre hindurch weit unter dem Normalen.

Die Nomaden bekamen die Verschlechterung als erste zu spüren. Das Land im Umkreis ihrer neuen Brunnen wurde zertrampelt und übermäßig abgeweidet, bis es der Erosion schutzlos ausgesetzt war. Ihr Vieh vertilgte bald auch die Reste des Grases. Als dieses verschwunden war, fraßen die Rinder das Laub von den Bäumen, und die Ziegen wühlten Wurzeln aus dem Boden. Während der Dürrejahre verendeten die Tiere zu Tausenden und schließlich zu Millionen. In Obervolta blieb nicht einmal jede sechste Kuh am Leben.

Die Bauern, die ihre Anbauflächen stark erweitert hatten, mußten erleben, wie ihre Getreideerträge um die Hälfte sanken. Am Ende waren sie gezwungen, ihr Saatgetreide zu essen. Gleichzeitig wurde das für den Ackerbau geeignete Land erodiert. Der Hunger wurde zu einer Hungerkatastrophe. Die Nomaden mußten zusehen, wie ihre letzten Tiere in Ermangelung anderen Futters die holzigen Zweige von Sträuchern und Bäumen abfraßen und damit alles zerstörten, was Brennmaterial für die Lagerfeuer geliefert und den Boden geschützt hatte. Große Teile der herumstreifenden, von starkem Unabhängigkeitsdrang erfüllten Hirten mußten ihre alte Lebensform aufgeben. Sie zogen nach Süden in die Städte: Die Einwohnerzahl von Nuakschott, der Hauptstadt Mauretaniens, eines anderen der sechs jungen Staaten in der Sahelzone, verdreifachte sich. Zusammengepfercht in den Flüchtlingslagern am Rande der Stadt, durchlitten fast 100 000 ehemalige Nomaden Jahre der Krankheit, des Hungers und der Entwürdigung.

An einigen Stellen schob sich die Wüste jetzt jährlich um 45 Kilometer nach Süden vor. Der Photojournalist Farrell Grehan, der den Sahel 1973 besuchte, beschrieb einen Sturm, bei dem „windgetriebener Staub alles zudeckte. Er stach in die Augen, drang durch die Kleidung, verstopfte die Poren und übertünchte jeden schwarz-, braun- oder weißhäutigen Menschen mit dem gleichen schmutzigen

135

Gelb. Hier gab es Weiden ohne einen einzigen Grashalm: Der ehemals fruchtbare Boden wirbelte durch die Luft und verdunkelte die Sonne."

Bei einem abgelegenen Krankenhaus beobachtete Grehan, wie Nomaden ein Bündel von einem Dromedar abluden. Das Bündel war eine sehr kleine Frau und ihr Kind. Man gab den beiden Stärkungsspritzen und legte sie auf den bloßen Fußboden, den einzigen verfügbaren Platz. „Während der zweiten Nacht", schrieb Grehan, „starb die kleine Frau. Am nächsten Morgen sah ich ihr Kind, einen Jungen, alleine im Krankenhaus sitzen, den Mund und das Kinn so von Fliegen bedeckt, daß es aussah, als trüge er einen Bart."

Obwohl die übrige Welt auf die Not reagierte und auf dem Land- wie dem Luftwege große Mengen von Nahrungsmitteln und Medikamenten in den Sahel schaffte, wurde das Gesicht des leidenden Kindes mit einem Bart von Fliegen am Kinn zum eindringlichen Symbol der Desertifikation. Mindestens 100 000 Menschen starben. Viele andere zogen sich durch die Unterernährung chronische Krankheiten zu. Die Dürre breitete sich ostwärts aus und suchte auch den Sudan und Äthiopien heim, zwei Staaten, die vorher nicht als Teil des Sahel galten. Eine Hungerkatastrophe trug 1974 in Äthiopien mit zu der Revolution bei, durch die Kaiser Haile Selassie entmachtet und die Monarchie beseitigt wurde.

In den Jahren 1973 und 1975 traten wieder Regenfälle im Sahel auf, aber sie waren nur sporadisch und brachten keine ausreichende Erleichterung. Die „Dürre mit dem langen Schwanz", wie die Nomaden sie nannten, hielt weiter an. Auch jetzt sind die Regenfälle noch unregelmäßig. Nur wenige Nomaden wagten sich nach Norden, um es mit der Wüste aufzunehmen. Auch verzweifelte Bauern haben dies versucht, aber mit geringem Erfolg. Das Hirten-Nomadentum geht seinem Ende entgegen. Die Nomaden sind nun dauernd auf Unterstützung angewiesen, oder sie fristen ihr Leben am Rande der städtischen Gesellschaft ihrer verarmten Staaten.

Eine Auflistung der schrecklichen Folgen der Dürre in der Sahelzone muß nicht nur das gewaltige Ausmaß des Leidens und Sterbens berücksichtigen, sondern auch den damit verbundenen Verlust an unschätzbarem Wissen. Der Rückzug der Nomaden aus ihrem verdorrten Lebensraum im Sahel oder in irgendeinem anderen Bereich der Erde, in dem sich die Desertifikation durchsetzt, führt dazu, daß die Erfahrungen mit dem Leben in der Wüste nicht mehr von den Eltern an die Kinder weitergegeben werden, wie dies seit vielen Jahrhunderten der Fall war.

Einige der frühesten organisierten Gesellschaften der Geschichte waren umherstreifende Gruppen von Nomaden, die sich in feindlicher, wasserarmer Umwelt zu behaupten lernten, während sie auf der Suche nach reifen Nüssen und Beeren oder nach Weideland für ihre ersten domestizierten Herden waren. Sie machten keine Aufzeichnungen, doch gibt es Beweise dafür, daß ihre Überlebensmethoden Jahrtausende hindurch tradiert wurden und noch heute verwendbar sind.

Bei Tula'i in der Susiana-Ebene im Iran entdeckte eine von dem amerikanischen Archäologen Frank Hole geleitete Expedition im Jahre 1973 eine seltene prähistorische Nomaden-Stätte. Es handelt sich um eine unwirtliche, staubige Gegend, in der die Temperaturen im Frühjar 50° C erreichen. Mehrere Mitglieder des Forschungsteams waren ehemalige Nomaden, und sie erblickten auf der 5000 Jahre alten Lagerstätte sogleich vieles, das ihnen vertraut war. So konnten sie Steinrechtecke als Unterlagen deuten, die verhinderten, daß das Schlafzeug direkt mit dem heißen Untergrund in Berührung kam; sie hatten selbst ähnliche Unterlagen benutzt. Sie maßen die traditionellen zwei Schritte nach Süden ab, gruben dort und fanden die Aschenreste eines vorgeschichtlichen Herdes. Nahebei fanden sie Steine, die jenen glichen, die sie selbst zum Beschweren der Zeltkanten verwendet hatten. Die Zelte hatten sehr wahrscheinlich – wie die heutigen – aus gewebtem Ziegenhaar bestanden, und die Öffnung war zur windabgewandten Seite gerichtet.

In Choga Mami, einer Fundstätte im ebenfalls ariden Gebiet des Irak, entdeckte die britische Archäologin Joan Oates Anfang der siebziger Jahre eines der frühesten Systeme künstlicher Bewässerung, die wir kennen. Bereits 5500 v. Chr. wurden

Rinderknochen bleichen zwischen dem spärlichen Gestrüpp einer Dornbuschsavanne im Sahel, wo in den Dürrejahren nach 1968 drei Millionen Stück Vieh verendeten. Die meisten Tiere starben nicht an Durst, sondern verhungerten, nachdem einige Jahre der Überweidung und Desertifikation ihre einstigen Weidegebiete vernichtet hatten.

Gerste und andere Feldfrüchte in Choga Mami angebaut. Joan Oates fand noch Anhäufungen von Erdreich an Stellen, wo man vermutlich Gräben ausgehoben hatte, um aus Kanälen Wasser auf die umliegenden Felder zu leiten. Das regelmäßige U-förmige Profil der Kanäle ließ unzweifelhaft darauf schließen, daß sie von Menschenhand geschaffen worden waren.

Das wohl ausgeklügeltste System der Wasserbaukunst in vorchristlicher Zeit wurde im felsigen Ödland des heutigen südlichen Israel geschaffen. Es war das Werk mehrerer verschiedener Nomadengruppen, die sich zusammengeschlossen und in der Negev-Wüste niedergelassen hatten. Ihr kompliziertes Netzwerk von Terrassenmauern aus Stein, Rohrleitungen, Auffangbehältern und Wasserreservoirs war vom Prinzip her so gut konstruiert, daß es in jüngster Zeit in Teilen wiederhergestellt werden konnte *(S. 138–139)*.

Über Jahrtausende hin hat ein sehr viel elementarerer Erfahrungsschatz den Ureinwohnern Australiens, den sogenannten Aborigines, das Überleben ermöglicht. Sie wissen einfach, wo sie zur richtigen Zeit alles finden können, was sie zum Leben brauchen. Drei Viertel ihres Kontinents sind arid: An den trockensten Stellen beträgt die durchschnittliche Regenmenge pro Jahr nur 100 Millimeter. Als die Europäer um 1840 mit der eigentlichen Besiedelung Australiens begannen, war es schätzungsweise von 300 000 Menschen bewohnt, die zahlreichen selbständigen Stämmen angehörten. Die meisten Aborigines lebten entlang den Flüssen und Meeresküsten. Eine beträchtliche Zahl war aber über das ausgedörrte Landesinnere verstreut, den Australian Outback. Diese Stämme verbrachten einen Großteil ihrer

Von einem Kalksteinplateau *(Hintergrund)* blicken die Ruinen der alten Nabatäerstadt Avdat auf ein teilweise wiederhergestelltes Anbaugebiet in der israelischen Negev-Wüste herab. Regenwasser, das durch Wadis aus dem bergigen Gelände abfließt, wird durch ein System niedriger Mauern *(Vordergrund rechts)* abgeleitet und zu den terrassierten Feldern *(dunkle Rechtecke)* geführt, die zum ersten Mal seit Jahrhunderten wieder bebaut werden. Auf dem kleinen Hügel links hat ein Team von israelischen Landwirten das Farmhaus und das Laboratorium des Versuchsbetriebes errichtet.

Die Entdeckung eines alten Bewässerungssystems

Die Negev-Wüste im Süden des heutigen Israel bedeckt 60 Prozent des Staatsgebietes. Sie ist der berüchtigte „schlechte Ort", den die nomadischen Gefolgsleute des Moses auf ihrem Zug in das Gelobte Land verwünschten. Es gibt jedoch überzeugende archäologische Beweise dafür, daß im gebirgigen zentralen Hochland der Wüste nur wenige Jahrhunderte vor jener Zeit sechs Städte und Tausende von kleinen Farmen blühten und rund 2000 Quadratkilometer Land genutzt wurden.

Das später verlorengegangene Geheimnis war ein Bewässerungssystem, mit dem das Oberflächenwasser der seltenen, aber sehr heftigen Regenfälle aufgefangen und durch Sammlerkanäle zu den tiefer gelegenen Terrassenfeldern geleitet wurde. Der gebirgige Teil der Negev-Wüste glich einem dichten Flickenteppich solcher Bewässerungsfelder.

Die Notwendigkeit, die begrenzten Wasservorräte bestmöglich zu nutzen, bewog eine Gruppe israelischer Wissenschaftler in den fünfziger Jahren unseres Jahrhunderts, einige der alten Wüstenfarmen zu rekonstruieren. Man baute niedrige Steinmauern quer durch die Trockenbetten von Wadis. Wenn diese sich während der Regenzeiten in Sturzbäche verwandelten, verlangsamten die Mauern das Abfließen des Wassers und wirkten zugleich der Erosion entgegen, indem sie das Absetzen von Sedimentfracht im Staubereich begünstigten. So wurde hinter jeder Sperrmauer Ackerboden gewonnen. Später baute man offene Leitungen aus Bruchsteinmauerwerk und leitete das Wasser von den Wadis und von riesigen Auffangzonen zu den Feldern oder in unterirdische Zisternen.

Mit Hilfe dieses Bewässerungssystems kann heute ganz wie früher den landwirtschaftlich genutzten Flächen drei- bis fünfmal soviel Wasser zugeführt werden, wie normalerweise durch Regenfälle zur Verfügung stehen würde. Die modernen Versuchslandwirte machten eine Erfahrung, die schon ihren Vorläufern bekannt gewesen sein muß: daß ein sanft geneigter Hang mehr Oberflächenwasser liefert als ein steiler. Man vermutet, daß entweder die dürftige Verwitterungsdecke in steilem Gelände das Wasser nur schlecht abfließen läßt, wenn sie naß ist, oder daß die Spalten im Gestein das Versickern des Wassers erleichtern.

Eine wiederhergestellte Steinmauer zieht sich über einen Hang in der Negev-Wüste. Sie ist Teil eines uralten Systems zum Auffangen und Ableiten von Oberflächenwasser zu tiefer gelegenen Feldern.

Nach einem heftigen Regen bilden sich Pfützen im Pfirsichgarten einer Wüstenfarm, wo jeder Baum ein eigenes kleines Auffangbecken hat. In der Negev-Wüste wird das Oberflächenwasser von durchschnittlich zehn Hektar Land benötigt, um genug Wasser für einen Morgen Nutzfläche zu liefern.

Zeit damit, „Wasser zu jagen". Sie trugen wenig oder gar keine Kleidung, hatten keine Häuser und besaßen nicht mehr, als sie zu Fuß mit sich nehmen konnten.

Die Wanderungen nomadisierender Aborigines waren niemals ziellos. In dem flachen Outback ist der feinste Regen für das erfahrene Auge aus 80 Kilometern Entfernung sichtbar. Die Aborigines wußten zudem, wo natürliche Sammelgebiete für Niederschläge und eßbare Pflanzen vorkamen. Dieses Wissen steuerte die Wanderungen jedes Stammes über mehrere tausend Quadratkilometer scheinbar weglosen Buschlandes. Die Lebensweise der Aborigines bewährte sich sogar in den allerschlimmsten Dürrezeiten. Falls an einer Stelle keine Beeren, Nüsse oder eßbaren Wurzeln zu finden waren, zog die Gruppe einfach zu einer anderen weiter. Nur selten einmal wurden Vorräte gespeichert, wenn man sie nicht mitnehmen konnte. Gespeichert aber war im Gedächtnis der Aborigines eine detaillierte Karte der Region, in der sich die Gruppe bewegte.

Die Heranwachsenden im Outback lernten die Einzelheiten des von ihnen bewohnten Territoriums, indem sie sich „Traumzeit"-Geschichten einprägten,

Mit Hilfe eines Grabstocks sucht eine junge Buschmannfrau *(links)* im sandigen Boden der afrikanischen Kalahari nach Knollen. Ein anderes Mitglied des Nomadenstammes *(unten)* quetscht Flüssigkeit aus einer der fleischigen Knollen, die während der 300 oder mehr Tage im Jahr, in denen in der Kalahari nicht einmal ein Tümpel zu finden ist, eine der wichtigsten Wasserlieferanten darstellen.

religiöse Erzählungen von unsterblichen Wesen – halb Mensch und halb Eidechse oder Känguruh –, die das Land durchzogen und dabei dessen Oberfläche formten und gestalteten. So wurde vielleicht ein weißer Strich im Gestein als die Stelle beschrieben, an der das Känguruh während seines ersten Herumstreifens auf der Erde seinen Schwanz entlangschleifte. Für einen Außenstehenden würde dies ein kaum erkennbares Merkmal in einer gleichförmigen Landschaft gewesen sein, für einen Ureinwohner jedoch war es ein verläßlicher Wegweiser.

Die wichtigste Eigenschaft der Aborigines war ihre Fähigkeit, Wasser an Stellen zu finden, wo keines zu existieren schien. Ein früher europäischer Erforscher Zentralaustraliens beschrieb einmal, wie er eine der Überlebenstechniken der Ureinwohner gerade im rechten Augenblick kennenlernte. Seine Wassersäcke waren leer, und der Tag wurde unerträglich heiß. Plötzlich rannte der Eingeborenenjunge, der ihn begleitete, zu einer einsamen Wüsteneiche. Er grub an ihrem Fuß in die Tiefe, ergriff eine waagerechte Wurzel und zog sie vom Stamm fort nach oben, wodurch etwa zweieinhalb Meter Wurzel freigelegt wurden. Dann brach der Junge ein Stück vom Ende der Wurzel ab, hielt es sich über den Mund, und Wasser rann in seine Kehle. Dankbar tat der Forscher es seinem Führer nach.

Die Aborigines gewannen noch auf eine andere Weise Wasser – und zwar von Fröschen. Der Wasserreservoir-Frosch hat sich dadurch an die Trockenzeit angepaßt, daß er sich in einen mit Wasser gefüllten Kokon einkapselt und etwa 30 Zentimeter unter der Erdoberfläche in einer Höhle die Zeit bis zu den Regenfällen abwartet. Die Aborigines konnten jedoch die Frösche überlisten. Stampfte man mit dem Fuß auf den Boden, hörte sich das Geräusch für die Frösche möglicherweise wie der Donner an, der dem Regen vorausging. Manchmal quakten sie daraufhin und verrieten ihren Aufenthaltsort. Die Ureinwohner stocherten nun mit Grabstöcken im Boden nach den Fröschen, ergriffen sie und quetschten sie aus. Das Wasser ließen sie in eine Schale oder in den Mund tropfen.

Die Überlebensbedingungen in arider Umgebung sind überall gleich hart. So haben die Buschmänner, ein Volk von Jägern und Sammlern in der Kalahari-Wüste Südafrikas, vor langer Zeit viele der Fertigkeiten erworben, die die Ureinwohner Australiens auszeichnen. Allerdings ist ihre Kultur in mancher Hinsicht etwas weiter entwickelt: Während sich die Aborigines nur mit Windschirmen aus Gras schützen, erweitern die Buschmänner die Windschirme gelegentlich zu einfachen Hütten. An Plätzen mit reichem Vorkommen an eßbaren Pflanzen errichten sie gewöhnlich ein Lager aus kreisförmig angeordneten Hütten. Wildpflanzen und Tiere machen den überwiegenden Teil ihrer Nahrung aus. Ihren Bedarf an Trinkwasser decken sie zumeist aus Pflanzen wie Kürbis- und Knollengewächsen sowie Sukkulenten, da nur während der Regenzeit offenes Wasser zu finden ist.

Wie die Aborigines richten sich die Buschmänner bei ihren Wanderungen von einem Platz zum anderen nach ihrer präzisen Kenntnis der Landschaft sowie nach dem jahreszeitlich bedingten Vorkommen von Wasser und Pflanzen. Sie lagern so lange an einem Platz, wie sie sich dort ernähren können. Dann geben sie das Lager einfach auf und ziehen weiter. Die Buschmänner bedienen sich noch einer anderen Methode, um durch die trockensten Zeiten des Jahres zu kommen: Die Gruppe löst sich auf, und die einzelnen Familien ziehen für sich alleine weiter, wobei sie manchmal innerhalb weniger Monate ein dutzendmal das Lager wechseln. Diese zeitweilige Auflösung der Stammesgemeinschaft beruht auf der Überlegung, daß viele Lagerplätze in der Wüste zwar keine Lebensmöglichkeit für den gesamten Stamm bieten, wohl aber genügend Nahrung und Wasser für einzelne Familien.

Trotz dieses Schatzes an Wissen scheinen die Jahre der Nomaden gezählt. In der Sahelzone haben Dürre und Hungersnot sie vom Land in die Ansiedlungen der Regierungsprogramme getrieben. An anderen Stellen ist die Zivilisation im Vordringen. Nur wenige tausend Kalahari-Buschmänner jagen und sammeln auf die einfache, althergebrachte Weise. Durch Viehzucht und den Abbau von Bodenschätzen haben sie große Teile ihres Gebietes verloren. Die meisten Buschmänner

gehören nun der untersten Gesellschaftsschicht an. In Australien verschwanden die letzten Nomaden in den sechziger Jahren aus dem Busch. Jetzt leben die Aborigines widerwillig in Ansiedlungen oder in den Städten. Allerdings sind einige in jüngster Zeit wieder auf das Land zurückgekehrt, wo sie Außenstationen errichtet haben, die zur Versorgung auf die nächstgelegenen Ansiedlungen angewiesen sind.

In den Vereinigten Staaten hat sich wenigstens ein alter Volksstamm sowohl gegen die Widrigkeiten des semiariden Klimas als auch das Vordringen der Zivilisation behauptet. Es handelt sich um die 10 000 Hopi-Indianer, die in der buschbewachsenen Ebene des nordöstlichen Arizona Ackerbau treiben. Die Hopi leben in einem Dutzend Dörfern hoch oben auf den steil abfallenden Sandstein-Tafelbergen, den sogenannten Mesas, deren Untergrund aus Schieferton besteht. Jedes Jahr fallen in der Gegend 200 bis 300 Millimeter Regen. Das Wasser sickert durch den Sandstein und geneigte, wasserleitende Schichten entlang, bis es schließlich in einer Handvoll Quellen nahe dem Fuße der Hopi-Mesas austritt.

Die Hopi sind tief religiöse Menschen, die glauben, daß sie mit ihren kunstvollen Schlangentänzen den kostbaren Regen herbeizaubern. Sie begleiten jede Phase des Mais-Anbaus mit Ritualen, die sich seit einem Jahrtausend kaum verändert haben. Zu ihrer Glaubenskraft kommt jedoch eine praktische Einstellung zum Landbau, die es ihnen ermöglicht hat, die trockenen Flußbetten unterhalb der Mesas zu kultivieren und Früchte und Gemüse in erstaunlicher Fülle zu erzeugen.

Die natürlichen Quellen und einige zum Grundwasserspiegel hinabreichende Brunnen liefern genügend Wasser für die Menschen, doch niemals genug für eine Bewässerung. Niederschläge fallen als leichter Winterschnee und gelegentliche Schauer im Frühjahr und Sommer. Häufig ist der Niederschlag lokal sehr unterschiedlich. Wo Regen auf bebautes Land fällt, wird er von dem sandigen Boden rasch absorbiert und läßt wenig oder gar kein stehendes Wasser zurück.

Die Abendsonne beleuchtet Steinhäuser eines Hopi-Dorfes, die auf einem Ausläufer der Black Mesa im wüstenhaften Nordosten Arizonas errichtet wurden. Hier fallen im Jahresdurchschnitt nur 200 bis 250 Millimeter Regen – die Hauptmenge davon im Winter. Doch die Hopi nutzen die vorhandenen Grundwasservorkommen und kultivieren seit einem Jahrtausend mit Erfolg die umliegenden Ebenen.

Um das verfügbare Wasser optimal zu nutzen, haben die Hopi ein Trockenfeldbausystem entwickelt *(S. 165)*. Sie richten Felder her, gewöhnlich etwa 100 Meter im Quadrat, indem sie aus Trockenbetten oder Vertiefungen in der sandigen Ebene – dort, wo sich am ehesten Feuchtigkeit sammelt – das Gestrüpp und Buschwerk entfernen. Vom April bis zum Juni bestellen sie die Felder mit verschiedenen Maisarten sowie Melonen, Bohnen und Kürbissen. Um den Mais zu säen, verwendet der Bauer einen Grabstock, mit dem er ein etwa 30 Zentimeter tiefes Loch gräbt, in das er ein Dutzend Körner legt. Die Löcher werden in gut vier Schritt Abstand voneinander angelegt, so daß jede Pflanze ausreichend Erdreich erhält, um ihren Feuchtigkeitsbedarf zu decken. Man stellt einfache Windschirme auf, damit die jungen Pflanzen nicht von dem angewehten Sand erstickt werden. Auf der Suche nach Nährstoffen treiben die Pflanzen dann Pfahlwurzeln durch die Sandschicht hindurch tief in den Boden hinein. Schließlich erreichen sie die Größe niedriger Büsche und setzen nach drei bis vier Monaten Kolben an.

Während der kritischen Wachstumsperiode braucht der Hopi-Bauer den Regen als Bundesgenossen, doch dessen Hilfe ist unzuverlässig. Kommen starke Regenfälle zu früh, so läßt dies vielleicht die jungen Pflanzen faulen. Ein Wolkenbruch im ersten Monat nach dem Keimen kann eine Sturzflut in dem trockenen Flußbett verursachen, die die Pflanzen fortschwemmt. Und ein leichter Schauer im Juli kommt möglicherweise zu spät, um dem im April gesäten Mais noch nützen zu können. So verwundert es kaum, daß die Hopi von ihren Göttern Hilfe erbitten, um den Erfolg ihrer Ernte zu sichern.

Wie primitiv die Völker auch waren, die bewiesen hatten, daß sie sich in Wüsten zu behaupten vermochten, im Gefolge der Dürre, die in den frühen siebziger Jahren einen so großen Teil der Erde heimsuchte, wurde ihnen von Sozialwissenschaftlern neue Beachtung geschenkt. Mehr als irgendein Ereignis zuvor lenkte diese Katastrophe die allgemeine Aufmerksamkeit auf die Verwundbarkeit unseres Planeten. Als Reaktion versprachen die Regierungen Unterstützung für Maßnahmen, mit denen man die Wüste zurückdrängen wollte. Und Geowissenschaftler bemühten sich um eine genauere Erforschung der Ursachen der Desertifikation.

Der Schlüssel zur Erklärung der Desertifikation liegt in dem Zusammenhang, der zwischen Feuchtigkeit und Boden besteht. Den Wissenschaftlern war seit langem die dünne und zarte Schicht von winzigen Pflanzen – Algen, Pilzen, Moosen und Flechten – bekannt, die auf Wüstenböden zu finden ist. Der Sammelbegriff für sie ist Kryptogamendecke. Erst jüngst ist klargeworden, daß diese Pflanzengemeinschaften in vielseitiger Weise von Nutzen für den Boden sind. Die kurzen Wurzelhaare der Moose und Flechten halten die Erde fest. Das unmittelbar unter der Oberfläche wachsende Fasergeflecht der Algen und Pilze stabilisiert den Boden.

Eine moderne Art der Anpassung an das Leben in der Wüste ist die Nutzung von Sonnenkollektoren, die hier ein Haus bei Santa Fé in New Mexico beheizen. Wenn die Temperatur bei Nacht unter den Gefrierpunkt sinkt, was nicht selten der Fall ist, dient die tagsüber gewonnene und dann unterirdisch gespeicherte Wärme zum Betrieb der Warmluftheizung.

Einige Algenarten reichern ihn dadurch mit Nährstoffen an, daß sie Stickstoff aus der Atmosphäre und aus der im Boden vorhandenen Luft aufnehmen. Diese Bindung von Stickstoff unterstützt wiederum das Wachstum anderer Pflanzen.

Zusammen bilden diese kryptogamen Pflanzen eine unebenmäßige Oberfläche. Diese behindert das Abfließen des stehenden Wassers und läßt es statt dessen in die Erde einsickern. Die winzigen Pflanzen fangen ferner Schluff auf, der sonst vorbeigeweht würde, und der Schluff hilft wiederum, Feuchtigkeit zurückzuhalten. Diese sehr wichtige Pflanzendecke ist äußerst empfindlich. In überweideten Gebieten kann sie von den Hufen des Viehs völlig zerstört werden, wie es in der Sahelzone geschah. Ohne diese Bedeckung verschlechtert sich die Fähigkeit des Bodens, Wasser zu speichern.

Klimatologen sind sich darüber einig, daß der Vegetationsverlust ein gewaltiger Schritt in Richtung auf die Wüstenbildung ist. Sie sind jedoch unterschiedlicher Auffassung über die Zwischenstufen. Einige Experten sehen die Erklärung für die lange Dürre in der Albedo der Erde – dem Intensitätsgrad, mit dem sie die Sonnenstrahlung reflektiert. Sie argumentieren, daß das Land in dem Maße, in dem es seine Vegetation verliert, verstärkt Wärme in die Atmosphäre zurückstrahlt, wodurch sich die Oberfläche abkühlt und kalte Luft nach unten gelangt. Dies wiederum verhindere Niederschlag.

Andere Experten sind der Meinung, daß winzige Bodenpartikel, die als Staub von verdorrtem Land in die Atmosphäre aufsteigen, die Wolken so stark mit Kondensationskeimen anreichern, daß sich die Wassertröpfchen nicht zu genügend großen Regentropfen vereinigen können, die dann zur Erde fallen würden. Umgekehrt wird argumentiert, daß ein Ergebnis des pflanzlichen Stoffwechsels gerade die Bildung fester Partikel sei, die dann in die Atmosphäre aufsteigen und die Entstehung von Regentropfen anregen würden. Werde die Vegetation zerstört, so fehlten die Partikel, die als Kondensationskeime fungieren könnten.

Im Laufe der Zeit sammelt sich wieder Feuchtigkeit in der Luft an, und so geht auch die schlimmste Dürre einmal zu Ende. Manchmal wird dadurch der Teufelskreis der Desertifikation durchbrochen. Der ausschlaggebende Faktor mag in irgendeiner klimatischen Verschiebung liegen oder auf Veränderungen in der menschlichen Nutzung landwirtschaftlich wenig wertvollen Landes beruhen. Die große Dürre der dreißiger Jahre verwandelte die nordamerikanischen Great Plains, die Präriegebiete im Westen der USA, in eine Staubregion und beschwor für einen großen Teil des Gebietes die Gefahr der Desertifikation herauf. Die Regierung der Vereinigten Staaten gab über ihren Soil Conservation Service (Amt für Bodenkunde) Millionen von Dollar aus, um alte – und schädliche – landwirtschaftliche Methoden zu modernisieren. Dies geschah vor allem durch die Einführung des sogenannten Hangpflügens (des Pflügens entlang den Höhenlinien des Hanges) und durch Anpflanzung von Bäumen als Windschutz. Als die Dürre in schwächerer Form in den fünfziger und sechziger Jahren wiederkehrte, erwies sich der Boden der Präriestaaten als sehr viel weniger gefährdet.

Selbst derartige Teilerfolge sind selten. Bis vor kurzem stellten sie sich meist in den Staaten ein, die über die nötigen Mittel verfügen, um die betroffene Bevölkerung während der Zeiten der Not zu unterstützen und langfristigen Lösungen eine Erfolgschance zu geben. In weniger begünstigten Ländern bedeutet der Kampf gegen die Desertifikation eine unmittelbare Notlage, die die Bindung der spärlichen Regierungsmittel und die Mobilisierung der Bevölkerung erfordert.

Äthiopien ist einer der ärmsten Staaten der Erde, mit einem jährlichen Pro-Kopf-Einkommen von kaum 250 DM. Neun von zehn Einwohnern leben von der Landwirtschaft, entweder als Bauern oder als Hirten, die gerade so viel produzieren, wie sie zum Leben brauchen. Die „Dürre mit dem langen Schwanz" suchte die Äthiopier bis in die achtziger Jahre hinein heim. Mehr als die Hälfte der Bodenfläche in ihrem Land ist von schwerer Erosion betroffen. Der Waldbestand nimmt jährlich um 2000 Quadratkilometer ab. Solche Zahlen sind besonders schmerzlich für ein Land, das eine üppige Vegetation haben könnte. Wo die

Maßnahmen gegen eine geflügelte Plage

In einem 28 Millionen Quadratkilometer großen Gebiet von der afrikanischen Atlantikküste bis zur Wüste Thar in Indien ist die Wüsten-Wanderheuschrecke seit undenklichen Zeiten die Geißel der Ackerbauern und Wanderhirten. Wo die mit dem Wind schwärmenden Fluginsekten niedergehen, fressen sie alles kahl. Ihr ausgezeichneter Geruchssinn lenkt sie bis zum letzten Blatt.

Seit 1980 ist in internationaler Zusammenarbeit eine Methode zu ihrer Bekämpfung entwickelt worden, die sie dort angreift, wo sie am verwundbarsten sind: in ihren Brutgebieten. Zu seiner massenhaften Vermehrung benötigt das Insekt Regen. Seine Eier können ohne Feuchtigkeit nicht überleben, und die Jungtiere benötigen frisches Grün als Nahrung und Schutz.

Aufnahmen amerikanischer und europäischer Satelliten von der Erdoberfläche lassen eine genaue Bestimmung der Gebiete zu, in denen die Feuchtigkeitsverhältnisse eine rasche Vermehrung der Wüsten-Heuschrecken begünstigen. Die Aufnahmen werden dem zuständigen Büro der Food and Agriculture Organization (FAO) – einer Fachorganisation der Vereinten Nationen – nach Rom übermittelt. Von dort aus warnen Sachverständige die von einer bevorstehenden Heuschreckenplage bedrohten Länder, damit deren Behörden wirksame Maßnahmen planen und vorbereiten können. Die Bekämpfung erfolgt in der Regel durch Besprühen der gefährdeten Gebiete mit Pestiziden, um die Heuschrecken zu vernichten, bevor sie sich vermehren.

Im Jahre 1968, das sich durch ein besonders starkes Auftreten der Wüsten-Wanderheuschrecken auszeichnete, geht ein Schwarm auf spielende Kinder in der äthiopischen Stadt Keren nieder. Ausgewachsene Wüsten-Wanderheuschrecken haben eine Flügelspannweite von bis zu 13 Zentimetern. Die Wanderheuschrecke ist ungewöhnlich gefräßig *(kleines Bild)*: Sie verzehrt jeden Tag ihr Eigengewicht an Nahrung.

Erosion ihn nicht fortgeschwemmt hat, ist der Boden in Äthiopien fruchtbar. Das Klima ist relativ gemäßigt, außer im Ostafrikanischen Graben mit seiner sengenden Hitze. Zumindest in normalen Zeiten ist die Regenmenge ausreichend für frisches Grün. Östlich der Hauptstadt Addis Abeba liegt der sanfte Höhenzug von Asba Teferi, der kühl und fruchtbar ist. Aber der ständige Bevölkerungszuwachs hat die Menschen dazu gezwungen, zuviel Vieh für die vorhandenen Weideflächen zu halten und viel zu steile Hänge noch mit Feldfrüchten zu bestellen. Jetzt spülen die periodischen Regenfälle jedes Jahr mehr Oberboden fort.

Trotz großer Knappheit an Geld und geschultem Personal begannen die Äthiopier in den frühen achtziger Jahren mit Gegenmaßnahmen. Die Regierung veranlaßte die Schaffung von 20 000 Bauern-Vereinigungen, von denen jede aus 500 Familien bestand. Diese hatten einen Teil jeder Woche darauf zu verwenden, bei Asba Teferi und in anderen Gegenden Terrassen und Dämme zu bauen und sich mit den Vorteilen des Hangpflügens und ähnlicher Techniken zum Schutze von Boden und Wasser vertraut zu machen.

Das Anpflanzen von Bäumen ist eine andere Maßnahme gegen den Vormarsch der Wüste. Die äthiopische Regierung hat unter Ausschöpfung ihrer letzten Mittel Tausende von widerstandsfähigen Eukalyptusbäumen und Akazien angepflanzt oder deren Anpflanzung angeregt. Beide Baumarten schützen den Boden in ihrer Umgebung und binden zugleich Stickstoff. Die Akazie behält ihr Laub das ganze Jahr über und kann, falls nicht überweidet wird, Futter für das Vieh liefern.

Das Problem der Desertifikation ist nicht auf Afrika beschränkt. Jedes Jahr erheben sich ungeheure Wolken von heißem Staub über der Sahara und treiben westwärts über den Atlantik. Im Jahre 1982 erreichte eine mehr als 1500 Kilometer lange Wolke Florida. Sie ließ entlang ihrer Bahn gewaltige Mengen Staub in der Atmosphäre zurück und trieb den Grad der Luftverschmutzung steil in die Höhe.

Die Vereinigten Staaten bedurften eigentlich nicht einer Staubfahne aus der Sahara, um an ihre eigenen Probleme mit der um sich greifenden Aridität erinnert zu werden. Allein im amerikanischen Westen, d. h. westlich des Mississippis, werden jährlich 500 Millionen Tonnen Oberboden in die Bäche und Flüsse geschwemmt. Zu Beginn der siebziger Jahre berichtete das Bureau of Land Management (die für die Verwaltung staatlicher Ländereien zuständige Behörde): „Es gibt nur noch sehr wenige Bereiche in den westlichen Weidegebieten, in denen nicht nach der Vernichtung der Pflanzendecke infolge falscher Behandlung eine starke Erosion anzutreffen wäre, die einen Teil der oberen Bodenschicht zerstört und so die gesamte Ertragsleistung der Gegend vermindert hat."

Ein Großteil dieser Zerstörung begann vor einem Jahrhundert oder davor, in den frühen Tagen der Erschließung des Westens. Die Nutzung der in Staatsbesitz befindlichen Weidegebiete setzte bald nach 1850 in größerem Maßstab ein, und innerhalb von 20 Jahren überstieg der Nahrungsbedarf der gewaltigen Viehherden die Kapazität der Region. Zwei extrem strenge Winter in den achtziger Jahren versetzten der Viehwirtschaft einen empfindlichen Schlag und vertrieben viele hart an der Rentabilitätsgrenze arbeitende Viehzüchter. Doch die anderen setzten die Überweidung fort, bis die westlichen Weidegebiete um das Jahr 1932 schätzungsweise 50 Prozent ihrer ursprünglichen Ertragsleistung eingebüßt hatten. Überwuchert von dem als Futter ungeeigneten nordamerikanischen Beifuß und zernarbt von Erosion und Sturzfluten, waren große Teile von elf westlichen Staaten nahe daran, zu einer Wüste zu werden.

Als Resultat von Regierungsmaßnahmen und privatem Verhalten stellte sich allmählich eine Wende ein. Im Jahre 1934 verabschiedete der amerikanische Kongreß das Taylor-Weidegesetz, das der Regierung die Macht gab, die Nutzung von Bundesländereien für Weidezwecke zu regulieren. In der Folge verbot man Wanderherden und wies den Weidebenutzern Weideparzellen zu, die in „Tier-Einheiten" berechnet waren. (Eine Einheit war definiert als ein Rind oder Pferd oder aber fünf Schafe oder Ziegen.) Über die Jahre hin hat diese Politik zu einer beträchtlichen Abnahme der Herdengrößen geführt.

Ein Staubsturm nähert sich der Stadt Alice Springs im Trockengebiet Zentralaustraliens. Solche Stürme kommen in extremen Dürrezeiten vor, wenn der normalerweise

bestellbare Boden zu feinsten Partikeln zerfallen ist. Auf der ganzen Erde bewegen sie jedes Jahr eine halbe Milliarde Tonnen Staub.

Eine ähnliche Gefahr, die den Weidegebieten drohte, war das Vordringen von Gestrüpp. Beifuß sowie Kaninchen- und Mesquitebusch und andere nutzlose, aber hartnäckige wurzelnde Pflanzen breiten sich an einer bestimmten Stelle aus und verdrängen dann die für Futterzwecke geeigneten Gräser und Büsche. Ein Übermaß an Gestrüpp macht das Land stärker anfällig für die Erosion und schränkt in gleichem Maße seine Nutzbarkeit ein.

Im Jahre 1973 schätzte das amerikanische Landwirtschaftsministerium, daß ungefähr drei Viertel des Weidelandes der Great Plains von Gestrüppbeständen mittlerer und hoher Dichte bedeckt waren. Dies galt auch für etwa die Hälfte der Gebirgsstaaten und der pazifischen Staaten.

Eine der am stärksten betroffenen Regionen war der Vale-Distrikt im Südosten von Oregon. In Vale, einer welligen Plateau-Landschaft mit eingeschnittenen Canyons, gab es schon lange das Problem der Überweidung. Sie begann bereits Mitte des 19. Jahrhunderts, als der Oregon Trail, eine viel benutzte Route nach Westen, hier hindurchführte. Teilweise als Folge dieser Überbeanspruchung waren um die Mitte unseres Jahrhunderts nahezu 90 Prozent der Vegetation dieses Distriktes dem Beifuß gewichen. Vom ursprünglichen Bewuchs mit ausdauernden Gräsern waren nur wenige Flecken übriggeblieben. Ein Großteil des Landes war kahl und unfruchtbar. Schlimmer noch, die Dachtrespe, die man „Truggras" nannte, war in die trockenen, kahlen Flächen um den Beifuß herum eingedrungen. Zwar half das Gras die Erosion verhindern, es lieferte aber, wie sein Name andeutete, kaum Futter und konnte sogar schädlich für die Tiere sein. Wird diese stachlige Pflanze nach der Samenbildung gefressen, so setzt sie sich in der Kehle des Tieres fest und verursacht große Qualen. Die Samenkapseln verfangen sich auch in der Wolle der Schafe und verringern ihren Wert.

Im Iran, wo Öl im Überfluß vorhanden und Wasser knapp ist, versuchen Arbeiter Wanderdünen zu stabilisieren, indem sie ihre Hänge mit Erdölrückständen besprühen. Das ölige Material trocknet mit der Zeit zu einer die Feuchtigkeit haltenden Schicht ab, in der Sträucher und Bäume wurzeln können.

In den sechziger Jahren begannen Wissenschaftler der University of California ein Programm zur Verbesserung der Weidegebiete zu entwickeln. Sie erprobten dabei verschiedene Methoden der Bodenbehandlung an ausgewählten Stellen des Vale-Distrikts. Einige Gebiete wurden mit Unkrautbekämpfungsmitteln besprüht, um den Beifuß zurückzudrängen; in anderen wurde nicht nur gesprüht, sondern auch das Gras gesät. Einige wurden vor dem Säen von Gras gepflügt; wieder andere mit Feuer abgesengt. Kooperationsbereite Viehbesitzer aus der Gegend errichteten Zäune und Schutzgitter und legten Straßen, Brunnen und Wasserreservoire an, um die Bewegung ihres Viehs besser regulieren zu können.

Das Sprühen und Säen brachte rasch Ergebnisse. Nach der Bekämpfung des Beifußes konnte Weizenquecke mit dem „Truggras" konkurrieren und dessen Dichte vermindern. Die Erosion kam praktisch zum Stillstand. Fortschritte in den Versuchsgebieten ermöglichten es auch, die Überweidung an anderen Stellen zu verringern, so daß auch diese sich wieder zu erholen begannen. Die Wissenschaftler zeigten faktisch, daß sie durch intensive Maßnahmen in etwa einem Zehntel des Gebietes positive Veränderungen in der Vegetation der gesamten Region bewirkten. Nach mehr als einem Jahrzehnt begann die Vegetation dieser Gebiete ihr früheres Gleichgewicht wiederzuerlangen: ein Viertel Beifuß, drei Viertel perennierendes Gras. Die Weidekapazität des Landes war um die Hälfte gestiegen.

Das Vale-Experiment stellte unter Beweis, daß gefährdetes Weidegebiet wieder seinen ursprünglichen Zustand erlangen kann. Es gibt aber Einschränkungen. Das Programm war teuer: Es kostete etwa 12 Millionen Dollar. Und ein ausschlaggebender Faktor bei seinem Erfolg war der Einsatz bestimmter starker Unkrautvernichtungsmittel, die inzwischen – da sie das vermutlich krebserregende Dioxin enthalten – so umstritten sind, daß die Regierung ihre Verwendung untersagt hat.

In einem landwirtschaftlichen Betrieb in Mexiko wächst eine stachellose Kakteenart neben einer stacheltragenden. Die stachellosen Kakteen, die als Erosionsschutz an steilen Hängen gepflanzt werden, dienen in der trockenen Jahreszeit als Viehfutter.

Organische Farbstoffe, die bei der Gewinnung von Pottasche als Katalysator verwendet werden, verleihen den 1,6 Quadratkilometer großen Verdunstungsbecken der Texasgulf-Mine am Colorado bei Moab, Utah, leuchtende Farben. Flußwasser wird durch die Lagerstätten in fast 1000 Meter Tiefe gepumpt und dann zu den Verdunstungsbecken geleitet. Nach einem Jahr bleibt Pottasche zurück.

Weder das Problem der Ausbreitung von Beifuß noch die Gefährdung durch Unkrautvernichtungsmittel sind jedoch so entscheidend für die Zukunft des amerikanischen Westens wie das Vorhandensein von Wasser. In einem Großteil des Territoriums westlich des 100. Längengrads – der von North Dakota nach Süden ins westliche Texas verläuft – ist Wasser knapp. Die Lösung war hier Bewässerung in großem Stil. Zwischen 1940 und 1980 hat sich die bewässerte Fläche im amerikanischen Westen mehr als verdoppelt. Als Ergebnis davon werden heute zwei Drittel der Ernteerträge der USA in den westlichen Bundesstaaten erzeugt.

Aufgrund technischer Neuerungen hat eine moderne Bewässerungsanlage ein völlig anderes Aussehen als das vertraute System von Dämmen und Kanälen, das in der einen oder anderen Form seit 7000 Jahren in Gebrauch war. Man setzt große, von Laserstrahlen geleitete Planiermaschinen ein, um der Oberfläche des Landes das günstigste Gefälle zu geben. Mit gewaltigen rotierenden Berieselungsanlagen aus Rohren, Rädern, Pumpen und Ventilen ist es möglich, eine etwa einen halben Quadratkilometer umfassende Kreisfläche zur selben Zeit zu besprengen *(S. 160–161)*. Einige in der Erprobung befindliche Anlagen werden von Computern gesteuert, um einen optimalen Einsatz zu erreichen. Sie verwenden aus dem Untergrund heraufgepumptes Wasser, da dieses wahrscheinlich einen geringeren Salzgehalt aufweist als Wasser, das durch Dämme aufgestaut oder in Gräben durch stark mineralhaltiges Erdreich geleitet wurde. Die Berieselungsanlagen sind auch an Stellen einsetzbar, an denen man nicht die Schwerkraft ausnutzen kann, und sie erlauben es, dem Wasser Düngemittel zuzusetzen.

Doch die moderne Technik hat nicht alle Probleme gelöst, die sich durch die Bewässerung ergeben. In Gegenden, wo das Grundwasser besonders intensiv ausgenutzt wird, sinkt der Grundwasserspiegel sehr rasch. Das Wasser, mit dem gegenwärtig Weizenfelder in den USA gesprengt werden, ist zum Teil Tausende von Jahren alt und regeneriert sich erst im Laufe weiterer Jahrtausende. In Teilen von Arizona, Kalifornien, Texas, Nebraska, Kansas und Washington sind die wasserleitenden Schichten allmählich erschöpft, da sie sich nicht wieder auffüllen können. In vielen dieser Gegenden ist auch die Versalzung des Bodens ein gravierendes Problem. Salze und Nährstoffe gehen im tieferen Bodenhorizont in Lösung und werden im Oberboden ausgefällt, wo sie schließlich in so hohen Konzentrationen vorhanden sind, daß der Boden unfruchtbar wird. Wenn als Folge davon die Felder aufgegeben werden, tritt oft starke Erosion auf.

Bei schlechter Planung können Bewässerungsprojekte schnell zu einer ökologischen Katastrophe führen. Man hat sogar geschätzt, daß ebensoviel Land durch fehlerhafte Bewässerungsprogramme verloren wird wie durch erfolgreiche gewonnen. Es gibt eine paradoxe Form der Desertifikation, die man als „nasse Wüste" bezeichnet: Schlechte Drainage verursacht eine Überwässerung des Bodens mit dem Ergebnis, daß das bewässerte Gebiet sumpfig und salzig wird und damit nicht mehr nutzbar ist. Eine gut funktionierende Drainage ist jedoch kostspielig. Aber der Preis für den Verzicht auf eine Investition in diese Vorbereitungsmaßnahmen kann sehr hoch sein. In Indien sind schätzungsweise 60 000 Quadratkilometer Land, das im Rahmen ehrgeiziger Projekte bewässert wurde, in jüngster Zeit zu nassen Wüsten geworden, und weitere 100 000 Quadratkilometer sind gefährdet.

Es ist zum Teil auf solche Mißerfolge zurückzuführen, daß Wissenschaftler geeignetere Methoden suchten, um die Lebensbedingungen in ariden Gebieten zu verbessern. Sie sehen ein, daß es nicht ratsam ist, in Trockenregionen Techniken anzuwenden, die nur für gemäßigte Klimazonen geeignet sind. Und sie lernen die Vorteile nutzen, die diese kargen Gegenden zu bieten haben. Es wird beispielsweise in vielen trockenen Ländern, in denen die Waldbestände zurückgehen und die Bevölkerung wächst, niemals wieder ausreichend Holz geben, um den Bedarf für den Hausbau zu decken. Die moderne Alternative Beton hat sich als zu teuer und energieintensiv erwiesen, um ein wirklich optimaler Ersatz zu sein. Die Lösung bestand in dem Rückgriff auf eines der wenigen reichlich verfügbaren Materialien arider Gebiete: Lehm. Gegenwärtig wohnt die Hälfte der Menschheit in Häusern, die aus Lehm gebaut wurden. Im Südwesten der USA leben mehr als 500 000 Menschen in Unterkünften, die aus Adobe hergestellt sind – Lehmziegeln, die an der heißen Sonne getrocknet wurden. Die Nachfrage nach solchen Häusern ist groß, da sie nicht nur billig, sondern auch angenehm sind: kühl im Sommer und behaglich warm im Winter. Die Unterkünfte in großen Teilen des ländlichen China bestehen aus sonnengetrockneten Erdziegeln, und ähnliche Lehmkonstruktionen sind in ariden Gegenden Indiens und Afrikas gebräuchlich. Je trockener das Klima, desto besser: Wo Regenfall und Feuchtigkeit minimal sind, kann ein Lehmhaus eine Lebensdauer von 50 und mehr Jahren erreichen.

Die Beschaffung von Nahrung ist, mehr noch als die Unterkunft, das lebensentscheidende Problem in ariden Gebieten. Agronomen auf der ganzen Welt haben inzwischen erkannt, daß die vernünftigste Lösung nicht darin besteht, die Wüste den Bedürfnissen wasserliebender Feldfrüchte anzupassen, sondern für existierende Wüstenpflanzen Verwendungsmöglichkeiten zu finden und umgekehrt neue Pflanzen den Wüstenbedingungen anzupassen. Anstrengungen in dieser Richtung werden in jüngster Zeit allenthalben unternommen – und die Ergebnisse sind ermutigend, wenngleich nicht immer kommerziell rentabel.

Die Liste der Wüstenpflanzen, die sich als geeignet für Nahrungszwecke oder als industriell verwertbar erwiesen haben, wird von Jahr zu Jahr länger. Die Kratzdistel beispielsweise ist ein aggressives Unkraut, das 1873 aus Versehen in South Dakota eingeschleppt wurde und sich mit großer Hartnäckigkeit über den gesamten Raum der westlichen Ebenen ausgebreitet hat. Die Kratzdistel, die mit wenig Wasser auskommt, wird gegenwärtig auf ihre Eignung als Futterpflanze untersucht. Die Pflanze hat einen sehr hohen Gehalt an Proteinen und anderen Nährstoffen, und gerade aus ihrer Aggressivität und Zähigkeit ließe sich Nutzen ziehen. Auch die Salzmelde, eine Familie von Sträuchern, die auf trockenen, alkalischen Böden gedeihen, könnte möglicherweise als Futter Verwendung finden – und da die Büsche Salz aufnehmen, bieten sie den zusätzlichen Vorteil, daß sie die Regeneration des Landes unterstützen. Ägyptische Wissenschaftler haben herausgefunden, daß auch eine Binse, deren Samen reich an Ölen und Proteinen sind, nicht nur gut auf salzigen Böden wächst, sondern zudem deren Salzgehalt abzubauen hilft. Der Kreosotbusch, der lange als nutzloses Unkraut der amerikanischen Wüste angesehen wurde, enthält ein hervorragendes Konservierungsmittel und ist in Experimenten zur Wachstumshemmung bei Krebszellen eingesetzt worden.

Zwei der bekanntesten Wüstenpflanzen sind der Jojoba- und der Guayulestrauch. Die in Mexiko und dem Südwesten der Vereinigten Staaten wildwachsende Jojoba ist wegen ihrer ölhaltigen Samen als Retter des vom Aussterben bedrohten Pottwals gepriesen worden, denn das Jojoba-Öl ist dem aus seinem Kopf gewonnenen Walrat sehr ähnlich, das als Schmiermittel für Hochgeschwindigkeits-Maschinen in der Industrie sehr gefragt ist. Das ölartige Wachs der Jojoba besitzt eine Reihe weiterer Anwendungsmöglichkeiten, unter anderem als Bestandteil von Haarwaschmitteln, Kaugummi, Bohnerwachs und hellbrennenden, rauchlosen Kerzen. Die Jojoba wird in einem halben Dutzend Staaten noch wegen einer anderen Eigenschaft sorgfältig geprüft: Sie gedeiht auf landwirtschaftlich nicht nutzbaren Böden, da sie nicht mehr als 75 Millimeter Regen im Jahr braucht. Im ersten Monat nach der Saat wachsen die Wurzeln zweieinhalb Zentimeter am Tag; eine ausgewachsene Pflanze kann bis zu 30 Meter lange Wurzeln haben. Dies macht die Jojoba besonders geeignet zur Bepflanzung an den Rändern der Sahara, als Waffe im Kampf gegen das langsame Vorrücken der Wüste.

Der Guayulestrauch, in ariden Teilen von Texas und Mexico heimisch, liefert Kautschuk. Während des Zweiten Weltkriegs deckten die Vereinigten Staaten hieraus einen Teil ihres Bedarfs, als die Verbindung zu den überseeischen Erzeugern abgeschnitten war. Nach dem Krieg ging mit der Entwicklung von Synthesekautschuk das Interesse an Guayule zurück. Doch in letzter Zeit zeigen das amerikanische Landwirtschaftsministerium und die Kautschukindustrie wieder verstärktes Interesse. Wissenschaftler haben nämlich einen Weg zur Ertragsverbesserung der Pflanze entdeckt: Durch Besprühen mit einer Chemikalie läßt sich der Kautschukgehalt nahezu auf das Doppelte steigern.

Experimentierende Agrarwissenschaftler überall auf der Welt versuchen neue Arten von Nahrungspflanzen zu züchten, die gegen Dürre und Salz widerstandsfähig sind. Ihr vielleicht spektakulärster Erfolg ist eine neue Getreidesorte mit dem Namen Triticale, eine Hybride von Weizen und Roggen, aus der sich ein kräftiges dunkles Brot backen läßt. Triticale, das Ergebnis jahrelangen Züchtens und Kreuzens in verschiedenen Teilen der Welt, hat den gleichen Eiweißgehalt wie Weizen (etwa 13 Prozent), aber das Eiweiß von Triticale ist von höherer Qualität. Die Pflanze ist weniger anfällig gegen Krankheiten als Weizen, und sie übertrifft Weizen – dies ist besonders wichtig – erheblich an Ertragsleistung auf landwirtschaftlich kaum nutzbarem Land. Triticale hat sich als äußerst trockenresistent und salzverträglich erwiesen. Im Jahre 1983 war die Sowjetunion der größte Anbauer von Triticale, gefolgt von den Vereinigten Staaten. Dieses neue Grundnahrungsmittel wird auch in Kanada, China, Argentinien und in Teilen Europas angebaut.

In ariden Gebieten gibt es Sonne und Salz im Überfluß. Einige Ingenieure fühlten sich herausgefordert, beides dem Menschen nutzbar zu machen. Einer, der hierbei Erfolg hatte, war der israelische Ingenieur Lucien Bronicki. Das Ergebnis seiner 25jährigen Forschungsarbeit war ein See, der eine Fläche von 6500 Quadratmetern Wüste in der Nähe des Toten Meeres bei dem Ort Ein Bokek bedeckt. Der See erzeugt 35 Kilowatt Elektrizität im Sommer und 15 im Winter.

Die sogenannten Salzgradient-Solarseen sind so angelegt, daß sich über dem Boden eine Zone mit sehr salzhaltigem Wasser befindet, das dicht und schwer ist, während das Wasser der Oberflächenzone einen weit geringeren Salzgehalt auf-

An der University of Arizona werden Exemplare der Salzmelde in Töpfen gezogen und mit salzhaltigem Wasser von unterschiedlicher Konzentration bis hin zu reinem Meerwasser bewässert. Das Experiment dient Bemühungen um die Erweiterung der Lebensmittelversorgung durch Züchtung neuer Formen eßbarer Halophyten – Pflanzen, die auf den vielfach versalzten Böden in Trockengebieten wachsen oder sogar besonders gut gedeihen.

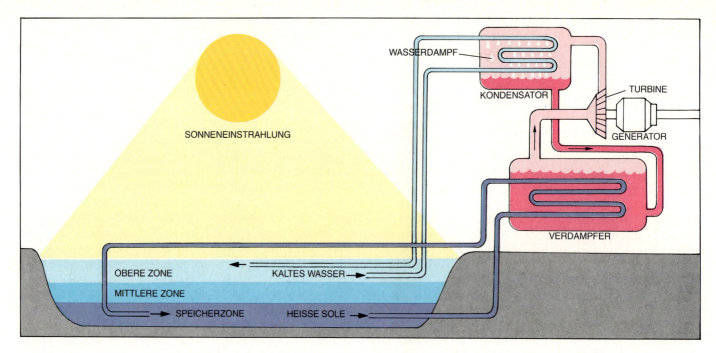

Ein Salzgradient-Solarsee speichert die aus der Sonneneinstrahlung gewonnene Energie in der untersten von drei Zonen mit zunehmend salzhaltigerem Wasser. Heiße Sole aus der Speicherzone wird durch einen Verdampfer geleitet, in dem sie eine Flüssigkeit mit niedrigem Siedepunkt zum Verdampfen bringt. Der unter Druck durch eine Turbine strömende Dampf treibt einen Generator an und wird anschließend durch kühles, aus der oberen Zone des Solarsees gepumptes Wasser zur Kondensation gebracht.

weist. Zwischen beiden liegt eine Zone mit Wasser von mittlerem Salzgehalt, die die Sonnenstrahlung durchläßt, aber die Abgabe von Wärme verhindert. Die Sonne durchdringt die brackigen oberen Schichten und erwärmt die unten ruhende Sole bis zum normalen Siedepunkt von destilliertem Wasser und darüber hinaus. Gewöhnlich dehnt sich heißes Wasser, ebenso wie heiße Luft, aus und steigt nach oben, aber die unterste Wasserschicht einer solchen Anlage ist derart mit Salz gesättigt, daß sie zu schwer ist, um an die Oberfläche zu steigen. So wirkt das kühlere, weniger salzige und leichtere Wasser darüber als Isolierdecke, wodurch ein natürliches Wärmereservoir entsteht, das nur angezapft zu werden braucht. Derartige Seen kommen in der Natur vor. Sie sind jedoch selten, da meist Winde die Oberfläche von Salzseen aufwühlen und das weniger salzige Wasser mit dem salzhaltigeren vermischen, wobei der Unterschied im Salzgehalt sich so weit verringert, bis die Wärme an die Atmosphäre abgegeben wird.

In einem künstlichen Solarsee wie dem bei Ein Bokek kann das Süßwasser an der Oberfläche in dem Maße wieder ergänzt werden, in dem es verdunstet. Schwimmende Windschirme sowie Schutzwälle begrenzen den Windeffekt auf ein Mindestmaß, so daß das Wärmereservoir in dem soleartigen Bodenwasser erhalten bleibt. Um das nach oben diffundierte Salz zu ersetzen, wird der Bodenschicht Salz zugefügt. Es ist relativ einfach, die heiße Sole vom Boden des Teiches abzuleiten und aus ihr Energie zu gewinnen. Auf diesem Wege kann ein Kilogramm Salz dreimal soviel Wärme liefern wie ein Kilogramm Kohle. Anders jedoch als bei der Kohle bleibt das meiste Salz erhalten, nachdem ihm die Wärme entzogen wurde.

Die mit Solarseen erzeugte Elektrizität kann genutzt werden, um Gebäude zu heizen, Kühlsysteme zu betreiben oder Fabriken mit Energie zu versorgen. Am zukunftsträchtigsten ist vielleicht der Einsatz des erzeugten Stroms zur Entsalzung von Wasser mittels Destillation oder Elektrolyse, um es dort, wo Süßwasser knapp ist, als Trinkwasser oder für die Bewässerung verwendbar zu machen.

Die Geographie des Nahen Ostens und Nordafrikas bietet eine Reihe von natürlichen Standorten für derartige Solarseen. Es sind große, flache Salzseen oder -sümpfe, die häufig den größten Teil des Jahres hindurch kein stehendes Wasser enthalten. Durch kleine Kanäle könnte man Meerwasser zu diesen Gebieten leiten, die oft unterhalb des Meeresspiegels liegen. Einen Teil des Wassers würde man verdunsten lassen, um die besonders salzhaltige Unterschicht für den Solarsee zu gewinnen. Eine bestimmte Menge der Sole würde durch einen Diffusor geleitet, um die weniger salzhaltige Isolierschicht herzustellen. Unverändertes Meereswasser würde schließlich die Oberflächenschicht mit dem niedrigsten Salzgehalt bilden. Eine Entsalzungsanlage, die mit der Energie aus einem 65 Quadratkilometer großen Salzsee betrieben würde, könnte – bei vorsichtiger Schätzung – 100 Millionen Kubikmeter Trinkwasser im Jahr erzeugen.

Die Morgensonne spiegelt sich in einem Salzgradient-Solarsee in Ein Bokek am Ufer des Toten Meeres. Ein Plastiknetz hält den Wind ab, der sonst die Salzwasserschichten aufwühlen würde. Durch ein langes Rohr wird heiße Sole vom Grund des Sees zu einem Verdampfer geleitet, in dem der links beschriebene Prozeß der Stromerzeugung beginnt.

Einige Solarseen in Trockengebieten der Vereinigten Staaten sind Teil von Projekten, deren Aufgabe primär darin besteht, den Salzgehalt darin unerwünschten Salzwassers zu reduzieren. In Texas sind Heerespioniere gegenwärtig damit beschäftigt, einen zwei Quadratkilometer großen See anzulegen, der das Wasser aus salzigen Quellen und Zuflüssen aufnehmen soll, das sonst in den Red River fließen und diesen zu salzhaltig für die Bewässerung und die Entnahme von Trinkwasser machen würde. Eine Kette von Salzgradient-Solarseen innerhalb des Sees wird der Erzeugung des elektrischen Stroms dienen, der benötigt wird, um salziges Wasser aus Entfernungen bis zu 40 Kilometern in den See zu pumpen.

In Israel haben Ingenieure ein gewaltiges hydroelektrisches Projekt entworfen. Es wird mit Wasser aus dem Mittelmeer arbeiten, das durch einen Kanal und einen Tunnel in das Tote Meer geleitet werden soll. Wenn sich dies Wasser in das Tote Meer ergießt (das fast 400 Meter unter dem Meeresspiegel liegt), wird es elektrische Generatoren antreiben, die 850 Megawatt Elektrizität erzeugen können. Das Wasser würde anschließend benutzt werden, um die relativ salzarme obere Wasserschicht in einer Kette von großen Solarseen zu ergänzen, mit deren Hilfe vielleicht weitere 850 Megawatt erzeugt werden könnten.

Um aus der Sonne und dem Salz arider Zonen Nutzen für den Menschen zu ziehen, bedarf es nicht unbedingt gewaltiger Unternehmungen. Wo immer die tägliche Suche nach Feuerholz große Probleme schafft, bieten Salzgradient-Solarseen eine interessante Alternative. Die Temperaturen in Solarseen entsprechen denen in einem schwach siedenden Kochtopf, und um eine Mahlzeit zuzubereiten, würde es genügen, einen wasserdichten Speisebehälter in den See zu tauchen. Dieser braucht nicht groß zu sein: Ein See von der Größe etwa eines Fußballplatzes würde für ein Dorf von 100 Einwohnern völlig ausreichen. Eine große Zahl solcher Seen könnte, in Verbindung mit Techniken, die sogar den einfachsten Völkern bekannt und verfügbar sind, für die Menschen ein gutes Rüstzeug sein, um im ewigen Kampf mit der Wüste die Oberhand zu gewinnen.

ÜPPIGES GRÜN AUF ÖDEM LAND

Es ist den Menschen bisher nicht gelungen, die globalen Kräfte zu steuern, die zur Ausdehnung der Wüsten geführt haben. Aber das uralte Ringen um die Fruchtbarmachung öder Gebiete ist von Erfolgen gekrönt. Rund 15 Prozent der landwirtschaftlich genutzten Flächen der Erde sind von künstlicher Bewässerung abhängig. Im Westen der Vereinigten Staaten, wo vor einem Jahrhundert einige Siedler das Wasser für ihre kargen Äcker auf Maultieren durch die Wüste transportieren mußten, werden heute mehr als 160 000 Quadratkilometer Land künstlich bewässert. Die Bewässerungswirtschaft hat in allen Teilen der Welt einen hohen technischen Stand erreicht.

Selbstverständlich sind noch immer viele alte Bewässerungssysteme in Gebrauch, besonders im Nahen und Mittleren Osten. Unter den ausgedörrten Wüsten des Iran liegt ein 275 000 Kilometer langes Netzwerk unterirdischer Wasserleitungen, dessen Anfänge in das 7. Jahrhundert v. Chr. zurückreichen und durch das noch heute 75 Prozent des im Iran verbrauchten Wassers fließen. Dem neuzeitlichen Streben nach Effizienz erscheinen die alten Methoden jedoch häufig als unwirtschaftlich. Andererseits sind im Rahmen der Entwicklungshilfe viele Projekte in Unkenntnis der örtlichen Gegebenheiten schlecht geplant und ausgeführt worden, so daß nach manchen Schätzungen auf jeden der Wüste abgewonnenen Morgen Ackerland ein Morgen verlorenging. Ein großes Problem ist zu allen Zeiten die Verdunstung gewesen. Hinzu kommt, daß unzulängliche Drainage und undichte Wasserleitungen in vielen Fällen zu einer Versalzung des Bodens geführt haben.

Führend in der Entwicklung und Anwendung neuer und besserer Bewässerungssysteme sind Libyen und Israel. Schon kurz nach der Staatsgründung im Jahre 1948 verstaatlichte Israel alle Wasservorkommen als lebenswichtiges Gut. Seither war das Land eine Art Laboratorium für Techniken wie die Tropfbewässerung unter Plastikabdeckungen, das Sammeln überschüssigen Oberflächenwassers in Rückhaltebecken und das verdunstungshemmende Plastikmulchen. Das Ergebnis ist, daß die 350 Milliarden Liter Süßwasser, die alljährlich durch Israels computergesteuerte Rohrleitungen und Kanäle fließen, landwirtschaftliche Erträge möglich machen, die über die Eigenversorgung hinaus den Export großer Mengen Obst und Gemüse erlauben.

Weite Anbauflächen bedecken eine Überschwemmungsebene in einem trockenen marokkanischen Tal. Ein Kanalsystem zieht größtmöglichen Nutzen aus den Überschwemmungen, die das Tieflandgebiet von Zeit zu Zeit mit Nährstoffen anreichern.

Rotierende Berieselungsanlagen bewässern in der Libyschen Wüste kreisförmige Weizenfelder von mehreren hundert Metern Durchmesser. Grundwasser aus 300 Meter

Tiefe wird durch Rohrleitungen geführt und mit Düsen versprüht. Die beweglichen Rohre sind auf Gestelle mit Rädern montiert.

In einem Gartenbaubetrieb im Jordantal dienen perforierte Plastikschläuche, die unter Folientunnel verlaufen, der künstlichen Bewässerung. Diese in Israel entwickelte

Berieselungstechnik arbeitet mit einem Minimum an Wasserverlust, da sie den Pflanzenwurzeln das kostbare Naß direkt zuführt und die Verdunstung stark verringert.

Vegetation säumt im Iran einen sogenannten *qanat*, eine Wasserleitung, die Grundwasser von Gebirgsrändern in tiefer liegende Gebiete führt.

Hopi-Indianer nutzen das Grundwasser unter einem trockenen Flußbett in Arizona, um im sogenannten Trockenfeldbau Mais zu ziehen.

Fruchtbare Felder erstrecken sich terrassenförmig auf einem öden Berghang im pakistanischen Karakorum. Da dieses Gebiet im Regenschatten des Hochgebirges liegt,

gibt es fast kein Grundwasser. Ein ausgeklügeltes Bewässerungssystem mit Gräben und Schleusen leitet Schmelzwasser über viele Kilometer zu den Feldern.

Das Yuma Valley in Arizona, früher ein Teil der Sonora-Wüste, ist heute ein landwirtschaftlich genutztes Gebiet mit 185 Quadratkilometer bestellter Fläche. Die

Fruchtbarkeit ist das Ergebnis künstlicher Bewässerung: Jährlich werden etwa 300 Milliarden Liter Wasser vom Colorado auf die Felder geleitet.

DANKSAGUNGEN

Die Herausgeber sind folgenden Personen für ihre freundliche Hilfe bei der Vorbereitung dieses Buches zu Dank verpflichtet: **In Australien:** Canberra – The Australian National University, Research School of Earth Science; Barbara Perry, The National Library of Canberra; Elwood – Ron Ryan, Photographic Agency of Australia; Kambah – Margurel Price; North Sydney – Cyndi Tebbel, The Photographic Library of Australia. **In der Bundesrepublik Deutschland:** Bonn – Professor Dr. Hanno Beck, Geographisches Institut, Universität Bonn; Braunfels – Helfried Weyer; Hamburg – Susanne Schapowalow; München – Christine Hoffmann, Bayerische Staatsgemäldesammlungen. **In Frankreich:** Auxerre – Henri-Jean Hugot; Nizza – Jean-Paul Barry, Faculté des Sciences; Paris – Françoise Mestre, Jacana; Théodore Monod, Muséum National d'Histoire Naturelle. **In Großbritannien:** Bristol – Joyce Williams; Kent – Brigadier R. A. Bagnold; London – Gillian B. Gibbins. **In Israel:** Jerusalem – Yehuda L. Bronicki, Ormat Turbines; Lieselotte Evenari; Professor Michael Evenari; Professor Aaron Yair, Hebräische Universität. **In Italien:** Florenz – Paolo Graziosi, Fabrizio Mori, Università di Firenze; Rom – Jelle Hielkema, Jeremy Roffey, Abteilung Pflanzenproduktion und Pflanzenschutz, Food and Agriculture Organization (FAO) der Vereinten Nationen; Istituto Italo-Africano. **In Schweden:** Stockholm – Bo Sommarström, Kurator der Sven-Hedin-Stiftung, Ethnographisches Museum von Schweden. **In den Vereinigten Staaten:** Arizona – (Flagstaff) Dr. Carol Breed, United States Geological Survey; (Tucson) Patricia Paylore, Office of Arid Lands Studies, The University of Arizona; Dr. Terah Smiley, Professor of Geosciences, University of Arizona; Thomas A. Wiewandt; Colorado – (Denver) Judith Totman Parrish, United States Geological Survey; Kalifornien – (Hillsborough) Robert I. Gilbreath; (San Francisco) Edward S. Ross, California Academy of Sciences; New York – (New York) Nina Root, American Museum of Natural History; Texas – (Austin) Dr. Christopher Scotese, University of Texas.

Das Register wurde von Gisela S. Knight erstellt.

BIBLIOGRAPHIE

Bücher

Adams, Robert, Adams, Marina, Willens, Alan, und Willens, Ann: *Dry Lands: Man and Plants.* St. Martin's Press, 1979
Aleksandrova, V. D.: *The Arctic and Antarctic: Their Division into Geobotanical Areas.* Cambridge University Press, 1980
Andrews, Roy Chapman:
  The New Conquest of Central Asia. American Museum of Natural History, 1932
  On the Trail of Ancient Man. G. P. Putnam's Sons, 1926
Ashworth, William: *Nor Any Drop to Drink.* Summit Books, 1982
Bagnold, R. A.: *The Physics of Blown Sand and Desert Dunes.* Methuen, London 1954
Bailey, Liberty Hyde, und Zoe, Ethel: *Hortus Third.* Macmillan, 1976
Baron, Stanley: *Die achte Plage: Die Wüstenheuschrecke, der Welt größter Schädling.* Übers. von Wolfgang Schwenke. Parey Verlag, Hamburg 1975
Barth, Heinrich: *Die große Reise. Forschungen und Abenteuer in Nord- und Zentralafrika 1849–1855.* Herausgegeben von Heinrich Schiffers. Erdmann, Tübingen 1977
Bertin, Leon: *Larousse Encyclopedia of the Earth.* Prometheus Press, 1961
Birkeland, Peter W., und Larson, Edwin E.: *Putnam's Geology.* Oxford University Press, 1978
Blainey, Geoffrey: *Triumph of the Nomads.* Overlook Press, 1976
Bodin, Svante: *Weather and Climate.* Blandford Press, Dorset 1978
Boorstin, Daniel J.: *The Discoverers.* Random House, 1983
Bowen, Ezra, und die Herausgeber der Time-Life Books: *The High Sierra.* Time-Life Books, 1972
Burton, Dr. Maurice: *Deserts.* Frederick Muller, London 1974
Clark, William R.: *Explorers of the World.* Natural History Press, 1964
Cleland, Robert Glass: *This Reckless Breed of Men.* Alfred A. Knopf, 1952
Cloudsley-Thompson, John: *The Desert.* G. P. Putnam's Sons, 1977
Colbert, Edwin H.: *Evolution of the Vertebrates.* John Wiley & Sons, 1980
Costello, David F.: *The Desert World.* Thomas Y. Crowell, 1972
Delpar, Helen (Hrsg.): *The Discoverers.* McGraw-Hill, 1980
Denham, Major Dixon, Clapperton, Captain Hugh, und Oudney, Doctor: *Narrative of Travels and Discoveries in Northern and Central Africa, in the Years 1822, 1823, and 1824.* John Murray, London 1826
Dickson, H. R. P.: *The Arab of the Desert.* George Allen & Unwin, London 1959
Doolittle, Jerome, und die Redaktion der Time-Life Bücher: *Das Land der Canyons.* Time-Life Books, 1984
Doughty, Charles M.: *Reisen in Arabia Deserta. Wanderungen in der Arabischen Wüste 1876–1878.* Übers. von Thomas Gosziniak. DuMont, Köln 1979
Dregne, Harold E. (Hrsg.): *Arid Lands in Transition.* American Association for the Advancement of Science, 1970
Dunbier, Roger: *The Sonoran Desert: Its Geography, Economy and People.* University of Arizona Press, 1968
El-Baz, Farouk, und Maxwell, Ted A. (Hrsg.): *Desert Landforms of Southwest Egypt: A Basis for Comparison with Mars.* National Aeronautics and Space Administration, 1982
Evenari, Michael, Shanan, Leslie, und Tadmor, Naphtali: *The Negev: The Challenge of a Desert.* Harvard University Press, 1982
Fletcher, W. Wendell, und Little, Charles E.: *The American Cropland Crisis.* American Land Forum, 1982
Flint, Richard Foster, und Skinner, Brian J.: *Physical Geology.* John Wiley & Sons, 1977
Gallant, Roy A.: *National Geographic Picture Atlas of Our Universe.* National Geographic Society, 1980
Gedzelman, Stanley David: *The Science and Wonders of the Atmosphere.* John Wiley & Sons, 1983
Geology Today. Communications Research Machines, 1973
George, Uwe: *In den Wüsten dieser Erde. Faszinierende Entdeckungen und Erkenntnisse eines Naturforschers.* Hoffmann & Campe, 1976
Glantz, Michael H. (Hrsg.): *Desertification.* Westview Press, 1977
Goetzmann, William H.: *Exploration and Empire.* Alfred A. Knopf, 1971
Goudie, Andrew: *The Human Impact: Man's Role in Environmental Change.* M. I. T. Press, 1981
Green, Timothy: *The Restless Spirit: Profiles in Adventure.* Walker, 1970
Hedin, Sven: *Durch Asiens Wüsten.* Brockhaus, 1981
Herrmann, Paul: *Das Große Buch der Entdeckungen.* Ensslin & Laiblin, 1958
Hoyt, William G., und Langbein, Walter B.: *Floods.* Princeton University Press, 1955
Hsieh, Chiao-min: *Atlas of China.* McGraw-Hill, 1973
Hurlbut, Cornelius S., jr. (Hrsg.): *The Planet We Live On.* Harry N. Abrams, 1976
Hutchinson, Sir Joseph, Bunting, A. H., Jolly, A. R., und Pereira, H. C.: *Resource Development in Semi-Arid Lands.* Royal Society, London 1977
Irving, Laurence: *Arctic Life of Birds and Mammals including Man.* Springer-Verlag, 1972
Jackson, Donald Dale, und die Herausgeber der Time-Life Books: *Sagebrush Country.* Time-Life Books, 1975
Jaeger, Edmund C.:
  Desert Wildlife. Stanford University Press, 1961
  The North American Deserts. Stanford University Press, 1957
John, Brian S. (Hrsg.): *The Winters of the World.* John Wiley & Sons, 1979
Kirk, Ruth: *Desert – The American Southwest.* Houghton Mifflin, 1973
Lamb, Edgar und Brian: *Colorful Cacti of the American Deserts.* Macmillan, 1974
Lamb, H. H.: *Climate, History and the Modern World.* Methuen, 1982
Larson, Peggy: *Deserts of America.* Prentice-Hall, 1970
Leopold, A. Starker, und die Redaktion der Time-Life Bücher: *Die Wüste.* Time-Life Books, 1977
Ley, Willy, und die Redaktion der Time-Life Bücher: *Die Pole.* Time-Life Books, 1967
McGinnies, William G., und Goldman, Bram J. (Hrsg.): *Arid Lands in Perspective.* American Association for the Advancement of Science and University of Arizona Press, 1969
Mc Ginnies, William G., Goldman, Bram J., und Paylore, Patricia (Hrsg.): *Deserts of the World: An Appraisal of Research into Their Physical and Biological Environments.* University of Arizona Press, 1968
Maher, Ramona: *Shifting Sands: The Story of Sand Dunes.* John Day, 1968
Mansfield, Peter: *The Arabs.* Penguin Books, 1982
Milne, Lorus und Margery: *The Nature of Life: Earth, Plants, Animals, Man and their Effect on Each Other.* Crown Publishers, 1970
Moorehead, Alan: *Cooper's Creek.* Harper & Row, 1963
National Geographic Society: *The Desert Realm: Lands of Majesty and Mystery.* National Geographic Society, 1982
Norlindh, Tycho: *Flora of the Mongolian Steppe and Desert Areas.* Tryckrri Aktiebolaget Thule, Stockholm, 1949
Page, Susanne und Jake: *Hopi.* Harry N. Abrams, 1982
Perry, Richard: *Life in Desert and Plain.* Taplinger, 1977
Pfeiffer, John E.: *Aufbruch in die Gegenwart. Eine Frühgeschichte der menschlichen Gesellschaft.* Econ Verlag, Düsseldorf 1981
Philby, H. St. J. B.: *The Empty Quarter.* Constable & Company, London 1933
Polo, Marco: *Von Venedig nach China. Die größte Reise des 13. Jahrhunderts.* Erdmann, Tübingen 1976, 1982
Pond, Alonzo W.:
  The Desert World. Thomas Nelson & Sons, 1962
  Deserts: Silent Lands of the World. W. W. Norton, 1965
  Survival in Sun and Sand. W. W. Norton, 1969
Press, Frank, und Siever, Raymond: *Earth.* W. H. Freeman, 1978
Reader's Digest: *Scenic Wonders of America.* Reader's Digest Association, 1980
Rugoff, Milton Allan: *The Great Travelers.* Simon & Schuster, 1960

Sheffield, Charles: *Earth Watch*. Macmillan, 1981
Sheridan, David: *Desertification of the United States*. Council on Environmental Quality, 1981
Short, Nicholas M., Lowman jr., Paul D., Freden, Stanley C., und Finch jr., William A.: *Mission to Earth: Landsat Views the World*. National Aeronautics and Space Administration, 1976
Strahler, Arthur N.: *The Earth Sciences*. Harper & Row, 1963
Sturt, Captain Charles: *Narrative of an Expedition into Central Australia*. Band 2. Greenwood Press, 1969
Sutton, Ann und Myron: *The Life of the Desert*. McGraw-Hill, 1966
Tanaka, Jiro: *The San: Hunter-Gatherers of the Kalahari*. University of Tokyo Press, Tokio 1980
Thesiger, Wilfred: *The Last Nomad: One Man's Forty Year Adventure in the World's Most Remote Deserts, Mountains and Marshes*. E. P. Dutton, 1980
Thomas, Bertram:
Alarms and Excursions in Arabia. Bobs-Merrill, 1931
Arabia Felix: Across the "Empty Quarter" of Arabia. Charles Scribner's Sons, 1932
Thurman, Harold V.: *Introductory Oceanography*. Charles E. Merrill, 1981
Trench, Richard: *Forbidden Sands: A Search in the Sahara*. Academy, 1982
Viking Lander Imaging Team: *The Martian Landscape*. The National Aeronautics and Space Administration, 1978
Wagner, Frederic H.: *Wildlife of the Deserts*. Harry N. Abrams, 1980
Walker, Ernest P., et al.: *Mammals of the World*, Band 2. Johns Hopkins University Press, 1975
Warburton, Colonel Peter Egerton: *Journey Across the Western Interior of Australia*. Sampson Low, Marston, Low & Searle, London 1875. Reproduced by Libraries Board of South Australia, Adelaide 1968
Woodin, Ann: *Home Is the Desert*. Macmillan, 1964
Wulff, Hans E.: *The Traditional Crafts of Persia*. M. I. T. Press, 1966
Younghusband, Captain Frank E.: *The Heart of a Continent: A Narrative of Travels in Manchuria, across the Gobi Desert, through the Himalayas, the Pamirs, and Chitral, 1884–1894*. John Murray, London 1896

Zeitungen und Zeitschriften
Clark, Wilson: „Take Sun and Salt, Add Some Water – the Result Is Energy". *Smithsonian*, Oktober 1980
Cornejo, Dennis: „Night of the Spadefoot Toad". *Science '82*, September 1982
Edesess, Michael: „On Solar Ponds: Salty Fare for the World's Energy Appetite". *Technology Review*, November/Dezember 1982
El-Baz, Farouk: „Desertification". *Smithsonian*, Juni 1977
Elston, D. P., und Bressler, S. L.: „Paleomagnetic Investigation of Cenozoic Glaciogenic Sediments, Taylor Valley and McMurdo Sound". *Antarctic Journal of the United States*, 1980 Review
Englebert, Victor: „The Danakil: Nomads of Ethiopia's Wasteland". *National Geographic*, Februar 1970
Gilbreath, Robert I.: „Tracking Dersert's Tiniest Flowers". *Smithsonian*, April 1974
Gore, Rick: „The Desert: An Age-Old Challenge Grows". *National Geographic*, November 1979
Hamilton, William J., III.: „The Living Sands of the Namib". *National Geographic*, September 1983
Long, Michael E.: „Baja California's Rugged Outback". *National Geographic*, Oktober 1972
McGinnis, L. D.: „Seismic Refraction Studies in Western McMurdo Sound". *Antarctic Journal of the United States*, 1980 Review
Morris, C. E., Knopoff, L., Rydelek, P. A., und Smythe, W. D.: „Observations of Free Modes, Tides, and Tilts at Amundsen-Scott Station". *Antarctic Journal of the United States*, 1980 Review
Nagata, T.: „Earth Sciences Research in the McMurdo Sound Region, 1979–1980". *Antarctic Journal in the United States*, 1980 Review
Page, Jake: „The Improbable Wild Gardens of Our Deserts". *Smithsonian*, April 1972
Ross, Edward S.:
„The Ancient Namib Desert". *Pacific Discovery*, Juli/August 1972
„Introducing the Desert". *Pacific Discovery*, März/April 1952
Shabtaie, S., Bentley, C. R., Blankenship, D. D., Lovell, J. S. und Gassett, R. M.: „Dome C Geophysical Survey, 1979–1980". *Antarctic Journal of the United States*, 1980 Review
Shoji, Kobe: „Drip Irrigation". *Scientific American*, November 1977
Splinter, William E.: „Center-Pivot Irrigation". *Scientific American*, Juni 1976
Stump, E.: „Two Episodes of Deformation at Mt. Madison, Antarctica". *Antarctic Journal of the United States*, 1980 Review
Tasch, P.: „New Nonmarine Fossil Links in Gondwana Correlations and Their Significance". *Antarctic Journal of the United States*, 1980 Review
Thornes, J. B.: „Dynamic Earth 1: On the Threshhold of Landscape". *Geographical Magazine*, November 1983
Tijmens, Willem J.: „From an Ancient Desert Relict". *Natural History*, April 1967
Toufexis, Anastasia: „The Sahara's Buried Rivers". *Time*, 6. Dezember 1982
Treves, S. B.: „Hyaloclastite of DVDP 3, Hut Point Peninsula, Antarctica." *Antarctic Journal of the United States*, 1980 Review
„Unveiling the Sahara's Hidden Face". *Science News*, 26. Juni 1982
Whitson, Martha A.: „The Roadrunner: Clown of the Desert". *National Geographic*, Mai 1983
Wright, T. O.: „Sedimentology of the Robertson Bay Group Northern Victoria Land, Antarctica." *Antartic Journal of the United States*, 1980 Review
Wulff, Hans E.: „The Qanats of Iran". *Scientific American*, April 1968
Young, Gordon: „The Essence of Life: Salt". *National Geographic*, September 1977

Andere Publikationen
Dictionary of Geological Terms. Anchor Press, 1976
Encyclopedia of World Rivers. Rand McNally, 1980
Goodin, J. R., und Northington, David K. (Hrsg.): *Arid Land Plant Resources*. International Center for Arid and Semi-Arid Land Studies, Texas Tech University, Juli 1979
Henning, D., und Flohn, H.: *Climate Aridity Index Map*. Food and Agriculture Organization of the United Nations, the United Nations Educational, Scientific and Cultural Organization, and the World Meteorological Organization, 1977
More Water for Arid Lands: Promising Technologies and Research Opportunities. National Academy of Sciences, 1974
Parrish, Judith, Totman, Ziegler, A. M. und Scotese, Christopher R.: *Rainfall Patterns and the Distribution of Coals and Evaporites in the Mesozoic and Cenozoic. Paleogeography, Paleoclimatology, Paleoecology*. Elsevier Scientific Publishing Company, Amsterdam 1982
Robinson, G. D., und Spieker, Andrew M. (Hrsg.): *Nature to Be Commanded: Earth-Science Maps Applied to Land and Water Management*. U. S. Government Printing Office, 1978
Sherratt, Andrew (Hrsg.): *The Cambridge Encyclopedia of Archaeology*. Prentice-Hall of Canada/Cambridge University Press, Scarborough, Ontario 1981
Smith, David G. (Hrsg.): *The Cambridge Encyclopedia of Earth Sciences*. Crown Publishers/Cambridge University Press, 1981
Spineless Cactus. Food and Agriculture Organization of the United Nations, Rom o. J.

QUELLENNACHWEIS DER ABBILDUNGEN

Die Nachweise sind bei Abbildungen von links nach rechts durch Semikolons, von oben nach unten durch Gedankenstriche getrennt.
Einband: Gary Ladd. 6, 7: © Jim Brandenburg. 8, 9: Daniele Pellegrini, Mailand. 10, 11: Schapowalow/Scholz, Hamburg, 12, 13: Kevin Schafer 14, 15: Daniele Pellegrini, Mailand. 16, 17: Stephen J. Krasemann/DRK Photo. 18: © Robert Frerck, Odyssey Productions. 20: Library of Congress. 22: National Archives. 25–27: Victor Englebert, Cali, Kolumbien. 28: Karte von Bill Hezlep. 29: Aus *Through Asia*, von Sven Hedin, Methuen & Co., London 1899, mit freundlicher Genehmigung der Library of Congress. 30: Karte von Bill Hezlep. 31: Norbert Nordmann, mit freundlicher Genehmigung der Universitätsbibliothek Bonn. 32: The Faculty of Oriental Studies, Cambridge. 34, 35: Royal Geographical Society, London. 36, 37: © Wilfred Thesiger 1976, London. 38: Karte von Bill Hezlep. 39: National Library of Australia, Canberra. 40, 41: Aus *The New Conquest of Central Asia*, von Roy Chapman Andrews, veröffentlicht vom American Museum of Natural History, New York 1932, außer Mitte, mit freundlicher Genehmigung des Library Services Department, American Museum of Natural History. 42–47: mit freundlicher Genehmigung des Library Services Department, American Museum of Natural History. 48: © Gordon Wiltsie 1983/AlpenImage. 51: JPL/NASA. 54, 55: © Dr. Georg Gerster/Photo Researchers. 58, 59: John A. Pawloski; Rod Borland/Bruce Coleman Inc. 60, 61: Peter L. Kresan. 63: Giorgio Lotti, Mailand – Zeichnungen von Walter Hilmers jr. 64: Marion und Tony Morrison, Suffolk. 65: Wardene Weisser/Ardea, London. 66: © Earth Satellite Corporation 1979. 68, 69: Peace River Films Inc. 70, 71: Kazuyoshi Nomachi, Tokio. 73: Stephenie S. Ferguson, © William E. Ferguson – Zeichnung von Walter Hilmers jr. 74: Michael E. Long, © National Geographic Society – Dr. Georg Gerster, Zumikon/Zürich. 75: Dr. Georg Gerster, Zumikon/Zürich – The Photographic Library of Australia, Sydney. 76: © Dr. Georg Gerster/Photo Researchers. 77: © Earth Satellite Corporation 1980. 78: JPL/NASA. 79: Dr. Farouk El-Baz. 80–89: Karten von Bill Hezlep – Zeichnungen von William J. Hennessey jr. 90: © 1983 T. A. Wiewandt und Scott Altenbach. 92: Robert I. Gilbreath. 94, 95: © T. A. Wiewandt 1981. 96: G. R. Roberts, Nelson, Neuseeland. 97: Dan McCoy/Black Star; John Gerlach. 98: Kent und Donna Dannen – C. Allan Morgan. 100: © Gordon Wiltsie 1983/AlpenImage. 101–103: Edward S. Ross. 104, 105: © Galen Rowell 1983/High & Wild Photography. 107: Zeichnung von Susan Johnston. 109: C. Allan Morgan – © T. A. Wiewandt 1981. 110, 111: © T. A. Wiewandt 1981. 112, 113: Klaus Paysan, Stuttgart. 115: © Jean-Philippe Varin/Jacana, Paris – Stephen J. Krasemann/DRK Photo. 116, 117: © Steve Crouch 1982. 118: The Photographic Library of Australia, Sydney. 120, 121: © Carol Hughes/Bruce Coleman Ltd. Middlesex; Jes und Des Bartlett/Bruce Coleman Ltd., Middlesex. 122, 123: Jes und Des Bartlett/Bruce Coleman Ltd., Middlesex. 124: Edward S. Ross. 125: David Hughes/Bruce Coleman Ltd., Middlesex. 126, 127: Edward S. Ross. 128, 129: © Anthony Bannister/Animals Animals. 130, 131: Edward S. Ross. 132: © Wilfried Bauer, Hamburg. 134, 135: © Tor Eigeland 1982/Black Star. 136, 137: Peter Ward/Bruce Coleman Inc. 138: Werner Braun, Jerusalem. 139: Werner Braun, Jerusalem – © Werner Braun/ZEFA Düsseldorf. 140: Edward S. Ross. 142, 143: Susanne Page. 144: Paul Logsdon. 146: Copyright G. Tortoli, Florenz/National Geographic Society, kleines Bild, Sammlung Varin-Visage/Jacana, Paris. 148, 149: The

Photographic Library of Australia, Sydney. 150: Dr. Georg Gerster, © National Geographic Society. 151: Florita Botts, FAO., Rom. 152, 153: Paul Logsdon. 155: Edward P. Glenn/Environmental Research Laboratory, University of Arizona. 156: Zeichnung von Kathryn D. Rebeiz. 157: © Robin Moyer 1982/Black Star. 158, 159: Steve Vidler/AfterImage. 160, 161: Guillaume de Laubier © Grand Angle International, Paris. 162, 163: © David Rubinger. 164: © Dr. Georg Gerster/Agentur Anne Hamann, München. 165: © Terry E. Eiler/Mugwump. 166, 167: © Galen Rowell/High & Wild Photography. 168, 169: Peter L. Kresan.

REGISTER

Kursiv gedruckte Seitenzahlen verweisen auf eine Abbildung zum betreffenden Stichwort.

A

Abschleifung, durch Wind und Sand, 70
Adelaide, Australien, 39
Afghanistan: Hindukusch *8–9*; Wüsten von, 53
Afrika: 50, 59, 99; Dromedare, *107*, 108; Dürre in der Sahelzone, 134–136, 145; Heuschreckenplage, *146*; Künftige Kontinentalverschiebung und Wüsten, *Karte* 88–89; Lehmhütten, 154; Wüsten, 21, 29, *Karte* 30, *Karte 80–81*, 88; Wüstenausbreitung, *132*, 133, *134–137*, 145, 147; Wüstentiere, 113, *120–131*; Wüsten der Vergangenheit, *Karten 82–87*. Siehe auch Kalahari-Wüste; Namib-Wüste; Sahara
Afrikanischer Ozean, künftiger, *Karte 88–89*
Agave, *90*, 97–98
Ägypten, 154; Sinai, 71; Western Desert, 49, 52, 72, *75, 79*
Akazienwälder, *132*, 147
Aktive Schicht, über Permafrost, 56–57
Alaska, 56; Polarwüste, 56
Albedo, der Erde, 145
Algen, 106, 144–145
Alice Springs, Australien, 35; Staubsturm, *148–149*
Allenrolfea, 99
Alluvialfächer, 65, 67, 93, 96; Boden, 99; Pflanzenleben, *98–99*
Aloe, 99
Alticamelus, 106
Altyn-tagh, Gebirge, *63*
Amazonas, 88
Ameisen, *107, 111*; Ernte-, 93, 114; Honig-, 114, *115*
Amerika: westliche Gebirge, 84; Wüsten, *Karte 80–81*, 88; Wüsten der Vergangenheit, *Karten 82–87*; zukünftige Kontinentalverschiebung und Wüsten, *Karte 88–89*
Amerikanischer Südwesten: Alluvialfächer, Pflanzen, 99; Anasazi-Indianer, Gebäude, *22*; Gebirgspflanzen, 96–97, *98*; Hopi-Indianer, *142–143*; Hopi-Dorf, *142–143*; Hopi-Trockenfeldbau, 143, *165*; Lehmziegelbauweise, 153; Pflanzen- und Tierleben, 96–99, 114, 154; Wüsten, 21, 52, 91
Amerikanischer Westen, 53; Bewässerung, 151, 153, 158, *168–169*; Bodenerosion und Wüstenausbreitung, 147; Gebirge, 84; Lebensformen, 103, *104–105*, 114; Weideland, 147, *150–151*
Anasazi-Indianer, Gebäude der, *22*
Anchorage, Alaska, 56
Anden, 84, 86
Andrews, Roy Chapman, 39, 40, *41, 46–47*, 62; Expeditionen in die Gobi, 39, *40–47*; Funde von Fossilien, *42–43*
Anpassungen, bei Wüstenpflanzen und -tieren, 21, 91–119, *120–131*; in der Bewegung, 113–114, *124–125*; der Blätter, Stacheln und Haare, *98*, 99, *100–101*; durch Erstarrung (Ruheperioden), 92, 106, 109, 111, *118–119*, 141; an Hitze, 97, 99, *100–101, 107, 115*, 121, *122–123, 128–129*; durch Kurzlebigkeit, 91, 92; durch Nachtaktivität, 115, 117, 118; durch Salzverträglichkeit, 58–59, 99–100, 154, *155*; zur Wassereinsparung, *98–99, 101*, 106, 108, 113, 118, *120–121*; des Wurzelsystems, 92, 96, 98, 99, 100, 101, 103
Antarktis, 86; Kontinentalverschiebung, 50; Lebensformen, 57; Trockentäler, eisfreie, *12–13*, 57; *Karte 80–81*; Wright Valley, *12–13*; Wüsten der, 6, 56, 57, *Karte 80–81*; Wüsten der Vergangenheit, *Karten 82–87*; zukünftige Entwicklung, *Karte 88–89*
Antilibanon, 59
Aquädukte, alte, 158
Aquatische Lebensformen, 106

Äquator, 21, 67, 82, 83; Konvektionszellen, 52, *Diagramm 82*
Aquifere, 58, 63, 153; an Erdoberfläche, *Diagramm 63*
Araber, 21, 30, 32, *34, 35*
Arabische Halbinsel, 21, 32, 52; Kontinentalverschiebung, 50; Rub al-Khali (Leeres Viertel, Große Arabische Sandwüste), 32–33, *36–37*, 71
Arabisches Meer, 86
Arabische Wüste, 21, 32, 52, *Karte 80–81*; Erforschung der, 32–33; Größe der, 32; Ursache der Aridität, 80–81
Argentinien, 97, 155; Monte-Wüste, 52, *Karte 80–81*
Aride Gebiete. Siehe Trockengebiete
Aridität: Index, 20; als Kriterium für Wüsten, 6, 20, 56, 62; Ursachen der, 52–53, 56, *Karte 80–81*
Arizona, 98; Aquifere, Erschöpfung der, 153; Hopi-Indianer in, *142–143*; Hopi-Trockenfeldbau, 143, *165*; Little Colorado River, *68–69*; Monument Valley, *14–15*; Sonora-Wüste, *16–17, 60–61, 94–95*, 97; Steinpflaster, *73*; Yuma Valley, Bewässerungsfeldbau, *168–169*
Arktis, 56, *Karten 80–87*, 88
Arroyos, 65, 100
Asba Teferi, Äthiopien, 147
Asfir, 32
Asien, 40, 84, 86; Kamele in, *107*, 108; Kollision des indischen Subkontinents mit, 50, 53, 86; künftige Kontinentalverschiebung, *Karte 88–89*; Wüsten, 21, 23–24, *Karte 28*, 29, 40, 53, *Karte 80–81*, 88; Wüsten der Vergangenheit, *Karten 82–87*. Siehe auch Gobi; Takla-Makan; Zentralasien
Assalsee, *25–27*
Atacama-Wüste, 53, *54–55*, *Karte 80–81*, 91, 114; Nahrungskette in der, 114–115; Playa, *64*; Ursachen der Aridität, 53, 80–81. Siehe auch Sechura-Wüste
Äthiopien: Danakil-Senke, *25–27*; Dürre und Hungersnot, 136, 145; Heuschreckenplage, *146*
Atlantischer Ozean: in der Erdgeschichte, *Karten 80–89*; Vordringen der Namib-Wüste in den, *76–77*
Atmosphärische Zirkulation, 52, 80, *Diagramm 82*
Aufforstung, 147
Auftriebsströmungen kalter Tiefenwasser, als Ursache von Aridität, 53, 56, 82, *Diagramm 83*, 86; Küsten, betroffen von, *Karten 80–89*
Ausblasung. Siehe Deflation
Australian Outback (Landesinnere Australiens), 21, 34, 35, 38, 108, 137, 140, 141
Australien, 35, 80; Dromedare, Verwendung von, 38, 108, 112; Erforschung von, 33–35, *Karte 38, 39*; Kontinentalverschiebung, 50, 80, 86; Staubsturm in, *148–149*; Sturts Steinige Wüste, 39, *Karte 80–81*; Wüsten, 33–35, *Karte 38, 39*, 52, 53, *Karte 80–81*; Wüstenpflanzen, 96, *101*; Wüstentiere, 113, *118*; Wüsten der Vergangenheit, *Karten 82–87*; Zukunft von, *Karte 88–89*. Siehe auch Australian Outback; Gibson-Wüste; Simpson-Wüste
Australische Ureinwohner (Aborigines), 137, 140–141
Australische Zentralregion. Siehe Australian Outback
Avdat, Israel, 62, *138*
Avicenna-Viper, *124*
Azizia, Libyen, 62

B

Bagnold, Ralph, 72, 78
Bajade, 67
Bande-e Amir, Seen von, *8–9*
Barada, Fluß, 59
Barchane, *74*, 76; auf dem Mars, 79
Barth, Heinrich, 31–32
Battuta, Ibn, 21
Bäume, in der Wüste, 32, 35, 100, 134, 141, 147; Akazie, *132*, 147; Endonocarpus, *96*; Eukalyptus, 101, 147;

Grannenkiefer, 103, *104–105*; Indria, 99; Verlust durch Wüstenausbreitung, *132*, 135, 145
Baxter, John, 35
Beduinen, 19, 32
Beifuß, 147, *150–151*, 153
Berber, 71
Berghänge. Siehe Gebirgshänge und -Plateaus
Bering-Straße, 107
Berlin, Preußische Akademie der Wissenschaften, 32
Beuteltiere der Wüste, 113
Bewässerung, künstliche, 156, *158–169*; im Westen der USA, 151, 153, 158, *168–169*; Wiederherstellung und Nutzung alter Systeme, 136–137, *138–139*, 158
Binsen, 154
Bipedalismus, 113–114
Black Mesa, Arizona, *142–143*
Blätter, von Wüstenpflanzen, *98*, 99, *100–101*; Stacheln statt, 99, *101*
Blütenpflanzen, *64, 90, 91, 92–93, 97, 101,* 103
Bocconis-Schuppenmiere, *92–93*
Boden, 6, 57; in Alluvialfächern, 99; Bestandteile, 57; Durchlässigkeit, 93, 96; Erhaltung des, 145; Erosion, 133, 135, 145, 147; Kryptogamenkruste, 144–145; Schichtung an Hängen, 96–97, 99; Speicherfähigkeit, 145; Versalzung, 93, 96, 153, 158; Wasserhaltung, 56, 153, 158
Bonneville, Lake, 67
Borstenhörnchen, *128–129*
Breed, Carol, 49
Bremsen, Larven der, *111*
Brennholz, *132*, 135
Brunnen, 33, *35*, 135, 142
Bu-keshash, 32
Bureau of Land Management, 147
Burke, Robert O'Hara, 35
Burton, Sir Richard, 32
Busch, australischer. Siehe Australian Outback
Büsche. Siehe Sträucher der Wüste
Buschmänner, *140*, 141

C

Caillié, René, 30–31
Carpin, Johann von, 23
Cascade Range, 53
Chalbi-Wüste, *Karte 80–81*
Chegga, Mauretanien, 19
Chihuahua-Wüste, *Karte 80–81*
Chile: Küstenwüsten, 6, 21; Playa der Atacama-Wüste, *64*
China, 21, 29, *Karte 86–87*, 155; Altyn-tagh-Gebirge, *63*; Gobi, 23, 40, 53, 71; Lößablagerungen, 71; Takla-Makan, 23, 53, 56, *64–65, 66*, 71–72, 76
Chlorsalze, 67, 93, 96
Choga Mami, Irak, 136
Chuckawalla Mountains, 118
Cissus macropus, *102*
Colorado-Plateau, Einband, *58*, 64; Erosion, 65, *68–69*
Colorado River, *68–69, 152–153*, 169
Columbia (Raumfähre), 49, 79; Radarbild, *51*, 52
Cook, James, 34

D

Damaskus, 59
Danakil-Senke, *25*; Salzgewinnung in der, 25, *26–27*
Darling, Ralph, 38
Davis, Jefferson, 112
Deflation, durch Wind, 70, 71, *Diagramm 73*; Entstehung von Becken durch, *Diagramm 63*
Desertifikation, *132*, 133, *134–137*; Bekämpfung der, 144–145, 147, *150–151*, 153–154; Geschwindigkeit der, 135; Landverlust durch, 133; vom Menschen verursachte, 133, 134–135, 145, 147; Zahl der betrof-

fenen Länder, 133
Dinosaurier, Fossilien von, *42–43*
Doha, Qatar, 33
Dorkas-Gazelle, 115
Doughty, Charles Montagu, 32
Dromedar, 108, 112. *Siehe auch* Kamel
Dschingis-Khan, 23
Dünen, *6–7*, 32, 33, *36–37*, *54–55*, *72*, 133; in der Antarktis, 57; Barchane, *74*, *76*, *79*; Bildung von, 76; Formen, *74–75*, 76; Längs- und Seifs, *75*, *77*; Neigungswinkel, 76; Quer-, 76; „rauchende", *58–59*; Sichel-, *siehe* Barchane; Singen der, 33, 76, 78; Stabilisierung von, im Iran, *150*; Stern-, *74*, 76; Wall-, 76; Wanderungen der, 76
Dünenbewohner (Tiere), *112–113*; Spuren der, *116–117*
„Dünenbewohner" (Volk), 45
Dürre, 143, 145; und Desertifikation, *132*, *134–135*, *136–137*, *143–144*; und Staubstürme, 145, *148–149*; Züchtung resistenter Pflanzen, 155

E
Echinokaktus, 98
Echsen, 92, 113, 115; Agame, 32; Fährten von, *116–117*; Gecko, *124*; Skink, *112–113*; Waran, *107*
Eduard Bohlen, Wrack der, 76
Eier, Überleben in der Wüste, 106, 109, 110, 127
Ein Bokek, Solarsee bei, 155–156, *157*
Eis, Erosionswirkung auf Gestein, 57, 65
Eisfreie Täler (Antarktis), *56–57*
Ektothermismus, 113
Elektrizität, Gewinnung aus Salzgradient, 155, *Diagramm 156*, *157*
El Niño, 53
Endonocarpus, 96
Entsalzung, 156
Entwaldungen, *132*, 145
Eozän, 106
Erdbeben, 50
Erdkruste, 50, 84; zukünftige Bewegungen, 88
Ergs, 71
Ernteameisen, 93, 114
Erosion, 57, *58–59*, 62, *64–65*, 153; Deflation, *Diagramme 63*, *70–71*, *Diagramm 73*; Rolle des Salzes bei der, 57, 62; durch Wasser, 62, *64–65*, *67*, *68–69*, 93, 133, 147. *Siehe auch* Winderosion
Eselhase, 115
Ethel (Pflanze), 32
Eukalyptusbaum, 35, 101, 147
Euphorbie, 98
Eurasien, *Karten 80–87*
Eurasische Platte, 84
Europa, 84, 155; zukünftige Kollision mit Afrika, *Karte 88–89*
Evans, George William, 34
Expeditionen in Wüstengebiete, 19–20, 21, 23–39; arabische Wüste, 32–33; australische Wüsten, 33–35, *Karte 38*, *39*; Sahara, 19, 21, 29, *Karte 30*, 31–32; zentralasiatische Wüsten, 23–24, *Karte 28*, *29*, *40–47*

F
Feigenkaktus, 98
Felsen, Sandstein, *14–15*
Ferokaktus, *98–99*
Feuerland, 56
Fields, W. C., 91
Flechten, 144
Florida, 147
Flughuhn, *121*
Food and Agriculture Organization (FAO), der Vereinten Nationen, 146
Fossilien, Funde in der Gobi, 40, *42–43*
Frosch, 106; australischer, *118*; Wasserreservoir-, 141
Fuchs, Wüsten-, 115; Löffel-, *122–123*; Peruanischer Kampf-, *114–115*

G
Gates-Paß, Arizona, *60–61*
Gebirge: Auffaltung, 50, 52–53, *Diagramm 84–85*, 88; Rand-, Regenschatten durch, 52–53, 80, *Diagramm 84–85*
Gebirgshänge und -plateaus, 103; Anpassung der Pflanzen- und Tierwelt, 96–99; Bodentypen und Schichtungen, 93, 96–97; Oberflächenwasser, Ablauf von,
65, 67, *68–69*, 93; Wasserableitung für Bewässerungsanlagen, *138–139*, *166–167*
Gecko, Wüsten-, *124*
Gemäßigte Zonen, 29, 93; Konvektionszellen, 52, *Diagramm 82*
George, Uwe, 64, 70
Gestein, 6, 58; Erosion, 57, *58*, 62, *64–65*, *70*, 93; Formationen, *8–11*, *14–15*; „Knallen" von, 62, 64; Steinpflaster, 71, *Diagramm 73*; „wanderndes", *65*; Wüstenlack, 71; Yardangs, *70–71*
Gesteinsschutt, 6, 30, 62, 69, 71, 93
Ghurdok, 32
Gibson-Wüste, 35, *Karte 80–81*
Gilbreath, Robert, 92–93
Giles, Ernest, 108
Giraffenkamel, 106
Gobi, Wüste, 21, 23, *Karte 80–81*, *Karte/Diagramm 86–87*; Beschreibung der, 23–24; Expeditionen in die, 23–24, 28–29, 39, *40–47*; Fossilienfunde in der, 40, *42–43*; Größe der, 23; Löß, 71; Trampeltiere der, 108; Ursachen der Aridität, 53, *80–81*
Grabende Tiere, *107*, *109*, *112–113*, 115, *118*; Spuren der, *116–117*
Grand Falls, Arizona, 68
Granger, Walter, 43
Granit, 52; Winderosion, 70
Grannenkiefer, 103, *104–105*
Gräser, 99, 101, 150, 151; Salzverträglichkeit, *58–59*
Great Dividing Range, 34, 53
Great Plains, 150; Ariditätsindex, 20; Trockenheit von 1930, 145
Grehan, Farrell, 135–136
Grönland: Wüsten, 56; Zukunft, 88
Große Arabische Sandwüste. *Siehe* Rub al-Khali
Große Mauer, 29
Großer Salzsee, 67
Große Sandwüste, *Karte 80–81*
Großes Becken, 53, *Karte 80–81*, *Karte 84–85*
Große Victoria-Wüste, *Karte 80–81*
Großfußklimme, *102*
Grundwasser: Aquifere, 58, *Diagramm 63*, 153; Verwendung zu Bewässerungszwecken, 153, *164–165*
Guayulestrauch, 154–155
Güyük, 23

H
Hadley, George, 52
Haile Selassie, 136
Halophyten, *155*
Hangpflügen, 145, 147
Hedin, Sven, 29
Himalaya, 48, 50, 53, *Karte 86–87*, *166–167*
Hindukusch, *8–9*
Hitze, 29, 38, 39; Anpassung der Pflanzen an, 97, 99, 100–101; Anpassung der Tiere an, *107*, 115, 118, 121, *122–123*; Charakteristikum der Wüste, 62
Hitzestarre. *Siehe* Ruheperioden während Trockenheit
Hochdruckzellen, als Ursache der Aridität, 52, *Karte 80–81*, *Diagramm 82*, 88
Hole, Frank, 136
Holland, V. C., 72
Holz, als Baustoff, 153. *Siehe auch* Brennholz
Honigameisen, 114, *115*
Hopi-Indianer, 142–143; Trockenfeldbau, 143, *165*
Huftiere, 106–108

I
Ibn Battuta, 21
Imperial College of Science and Technology (London), 72
Indianer. *Siehe* Anasazi-Indianer; Hopi-Indianer
Indien, *Karte 86–87*; Lehmhäuser, 154; Naßwüsten durch Überwässerung, 153; Wüsten, 18, 52, *Karte 80–81*, *156*, 146
Indischer Ozean, 50, 53, 86; in der Erdgeschichte, *Karten 80–89*
Indischer Subkontinent, Kontinentalverschiebung gegen Asien, 50, 53, 86
Indria, 29
Innerkontinentale Lage, Ursache von Aridität, 53, *Karte 80–81*
Innertropische Konvergenz, 135
Innozenz IV., Papst, 23

Insekten, 91, *92*, 93, *111*, 113, 114, *120–121*, 133; Heuschrecken, 146
Irak, frühes künstliches Bewässerungssystem, 136–137
Iran, 52; Dünenstabilisierung, *150*; prähistorische Nomaden-Stätte, 136; qanat (Wasserstollen) 158, *164*
Iranische Wüste, *Karte 80–81*
Israel, 158; Bewässerungsanlagen der Nabatäer, 137, *138–139*; Energiegewinnung, 155, *Diagramm 156*, *157*; Negev-Wüste, 62, 64, 137; Tropfbewässerung, 158, *162–163*

J
Jäger und Sammler, 141. *Siehe auch* Nomadenvölker
Japan, und Japanisches Meer, *Karte 86–87*
Jiayuguan, 29
Jojobastrauch, 154
Jordangraben, Tropfbewässerung, *162–163*
Josuabaum, 103
Jurte, *44–45*

K
Käfer: Fährten, *116–117*; Kopfstand-, *120–121*; Sammeln von Nebelfeuchtigkeit bei, 113, *120–121*; Schwarz-, 113
Kakteen, *60–61*, *94–95*, *98–99*, 103, 112, *151*; stachellose, als Viehfutter, *151*; Wasserspeicherungsvermögen, *98–99*
Kalahari-Wüste, 21, 52, *Karte 80–81*; Buschmänner der, *140*, 141; Tierleben, *121*, *128–129*; Ursache der Aridität, *80–81*
Kalifornien: Grundwasserprobleme in, 153; Tal des Todes, 62, *65*; White Mountains, Grannenkiefern in den, 103, *104–105*
Kältewüsten, 23, 29, *56–57*, 64; Überwinterung in, 118–119
Kambaluk (heute Peking), 23
Kamel, 28, 29, 106, *107*, 108, 112, 114; Evolution, 106–107; Höcker, 108. *Siehe auch* Karawanen
Kampffuchs, Peruanischer, *114–115*
Kanada: Inselwüsten in, 56; Triticale-Anbau, 155
Känguruh, 115
Kaninchenbusch, 150
Kansas, Grundwasserprobleme, 153
Karawanen, *18*, *20*, 31, *40–41*; Salz-, in der Danakil-Senke, *25–27*
Kattara-Senke, 29
Kaulquappen, 106, 109, *110–111*
Kennedy, Edmund, 35
Keren, Äthiopien, Heuschreckenplage in, 146
Kiemenfußkrebs, 106, *126–127*
Kies, alluviale Ablagerungen, 67
Kiesel, 39, 71, *73*
Klapperschlange, 114; Seitenwinder-, 113, 124
Kondensationskeime, 145
Kontinentalverschiebung, 50, 84, 86; zukünftige, *Karte 88–89*
Konvektionszellen, 52, 53, *Diagramm 82*
Kopfstandkäfer, *120–121*
Korrasion. *Siehe* Abschleifung
Kraftfahrzeuge, in der Wüste, 39, *40–41*, 70, 72
Kratzdistel, 154
Kreosotbusch, 97, 99, 154
Kröte, 106; Schaufelfuß-, 106, *109–111*
Krutch, Joseph Wood, 96, 97
Kryptogamendecke, 144–145
Kublai-Khan, 23
Kuiseb, Fluß, 77
Kurzlebigkeit: bei Pflanzen, 91, 92, 93; bei Tieren, 92
Küstenwüsten, 53, 80, 82, *Diagramm 83*, 86, 88; Nebel und, 53, *54–55*, 82, 83, 103, 113, *120–121*

L
Laing, Alexander Gordon, 30
Lake Bonneville, 67
Lake Torrens, 39
Lama, 107
Landwirtschaft in Trockengebieten, 133, 134–135, 145, 147, 155, *158–169*; Trockenfeldbau, 143, *165*; Wassersammelsysteme, *138–139*, 158, *166–167*. *Siehe auch* Bewässerung
Langnasenfledermaus, 90
Lawrence, T. E. (von Arabien), 32
Leeres Viertel. *Siehe* Rub al-Khali

Lehmbauten, 153–154
Leichhardt, Friedrich Wilhelm Ludwig, 35
Libyen: Bewässerungsfeldbau, 158, *160–161*; Sahara, 62; Tibesti-Gebirge, 70
Little Colorado River, *68–69*
Löffelfuchs, *122–123*
Lop-nor, *66*
Löß, 71
Lupine, 91
Lyon, George F., 20

M

McMurdo Sound, 57
Madigan, Cecil, 38, 108
Magnesiumsalze, 93, 96
Makale, Salzmarkt, 25, *26–27*
Marco Polo, 23–24, 76
Marokko, Bewässerung, *158–159*
Mars, Wüsten auf dem, *78*, 79
Mauretanien, 19, 135; Wüstenausbreitung, *134–135*
Mekka, 32
Memnonia, Wüstenebene auf dem Mars, 79
Mensch: Auswirkungen von Wüstenbedingungen auf den Körper, 59, 62; Lebenserwartung in der Wüste, 62; Überlebenstechniken in der Wüste, 98–99, 137, *140–141*; als Verursacher der Wüstenausbreitung, 133, 134–135, 145, 147; als Wüstenbewohner, 21–23, 30, 134–137, 141–143
Mesas, 142; Black Mesa, *142–143*
Mesquitebusch, 92, 99, 112, 150
Mexiko, 154; Kakteenbepflanzung, *151*; Wüsten, 52
Minerale, im Wüstenboden, 93, 153
Mississippi, 88
Mitchell, Thomas Livingstone, 35
Mittelmeer, 50, 59, 88, 157
Mittelozeanische Rücken, 50
Mittlerer Osten: Dromedar, 108; künstliche Bewässerung, 136–137, 158, *164*
Moab, Utah, *152–153*
Mojave-Wüste, 62, *Karte 80–81*, 103, *118–119*; Josuabaum, 103; Rogers Lake, 67; Ursachen der Aridität, 80–81
Mongolei, 23, *Karte 86–87*; Gobi, 23–24, 28, 40, 41, 53, 86
Mongolen, 23, 28; Jurte, *44–45*
Monsunregen, 86
Monte-Wüste, 52, *Karte 80–81*
Monument Valley, *14–15*
Moose, 144
Mount St. Helens, 53

N

Nächtliche Lebensweise, 115, *116–117*, 118
Nachttemperaturen, in der Wüste, 29, 62, 93
Nagetiere, 114, 115
Naher Osten, 156; künstliche Bewässerung, 137, *138–139*, 158, *162–163*; Wadis, 65
Nahrungskette, in der Wüste, 114–115
Namib-Wüste, *6–7*, *Karte 80–81*, 91, 121; Dünenformen, *58–59*, *74*, *77*; Nebelfeuchtigkeit, 103, 113, *120–121*; Pflanzenwelt der, *102–103*; Tierwelt der, 113, 114, *120–121*, *124–127*; Ursachen der Aridität, 80–81; Vordringen in die See, *76–77*
Nashorn-Fossilienfunde, Gobi, 40
„Nasse" Wüste, 153
Natriumchlorid, 93
Navajo-Indianer, 106
Nebel, an westlichen Kontinentalküsten, 53, *54–55*, 82, 83, 103, 113, *120–121*
Nebraska, Grundwasserprobleme, 153
Negev-Wüste, 62, 64; Wiederherstellung alter Bewässerungssysteme, 137, *138–139*
Nelson, Nels, 45
Nepal, *48*
Neusüdwales, 38
Nevada, 53, 92
New Mexico, durch Sonnenkollektoren beheiztes Haus, *144*
Niebuhr, Carsten, 32
Niederkalifornien, 99; Barchane, *74*
Niederschläge, 49, *Diagramm 84–85*; Fehlen von, Ursachen, 52–53, 56, 80; fehlende, als Wüsten-Kriterium, 6, 20, 56; Menge, 20, 53, 62. *Siehe auch* Regen; Schnee; Tau
Niger, 19, 31
Nil, 49, 59; -Tal, 29
Nomadenvölker, 30, 134–137, 140–142; Aborigines (australische Ureinwohner) 137, 140–141; Beduinen, 19, 32; Berber, 71; Buschmänner, *140*, 141; Mongolen, 23, 28, *44–45*
Nordafrikanische Wüsten, 21, 29, *Karte 30*, 49, 50, 52, 156; Landwirtschaft, *158–161*; Schlangen der, 125; Tibesti-Gebirge, *10–11*; Ursachen der Aridität, 50, 80–81; Wadis, 65; Western Desert, 49, 50, 72, *75*, 79. *Siehe auch* Sahara
Nordamerikanische Wüsten, 20, *Karte 80–81*, 88, 97; Abstammung des Kamels, 106; Dürre der 30er Jahre, 145; Schlangen, 124; Versuch der Wiedereinführung des Kamels, 112; Wüsten der Vergangenheit, *Karten 82–87*; zukünftige Entwicklungen, *Karte 88–89*. *Siehe auch* Amerika; Amerikanischer Südwesten; Amerikanischer Westen; Arizona; Kanada
Nördliche Hemisphäre: Eiszeit, Abkühlung durch, 67; Wüsten, 21, 50, 52; zukünftige Wüsten, *Karte 88–89*
Nördliche Polarregion, 56
Nuakschott, Mauretanien, 135
Nubischer Sandstein, 58
Nutalls-Nachtschwalbe, 118–119

O

Oasen, 58–59, *63*; Ursachen von, *Diagramme 63*; Verhältnis der, zur Landfläche der Sahara, 29
Oates, Joan, 136–137
Oberflächenwasser, 20, 65, 67, *68–69*, 93, 96, 133; festgehalten durch kryptogame Kruste, 145; Nutzung für Bewässerungszwecke, *138–139*, 158, *166–167*
Obervolta, 135
Ocotillostrauch, *97*
Oregon, 150–151
Organische Stoffe, 57, 93
Orthocarpus, *16–17*
Ostafrikanischer Graben, 50, 88, 147
O'Sullivan, Timothy, Photo von, *22*
Outback (Australien). *Siehe* Australian Outback

P

Pakistan, *Karte 86–87*, *166–167*
Palme, 58
Palmer, H. S., 78
Palmlilie, *Einband*
Pamir, 23
Pangäa, 50, 82
Pappel, 28, 100
Paris, 71
Parrish, Judith, 80
Patagonische Wüste, *Karte 80–81*, 84; Verschwinden der, 86
Pazifische Bundesstaaten, der Vereinigten Staaten, 53. *Siehe auch* Amerikanischer Westen
Pazifischer Ozean, 53, 54, 84, 86; in der Erdgeschichte, *Karten 80–89*
Peking, 23, 24. *Siehe auch* Kambaluk
Peringuey-Zwergpuffotter, 113, *125*, *130–131*
Permafrost, 56
Peru, 6, 21; Ariditätsindex, 20; Atacama-Wüste, 53, *54–55*, *Karte 80–81*, 91, 114; Sechura-Wüste, *Karte 80–81*, 91, 114
Peruanischer Kampffuchs, 114–115
Pflanzen der Wüste, 21, 32, 91–106, 154; Blätter, 97, 99, 100–101; Dürreresistenz, 155; für Ernährung und Industrie, 154–155; Flachwurzler, 98; kryptogame, 144–145; auf einer Playa, *64*; Salzverträglichkeit, 58–59, 99–100, 154, *155*; Schutz gegen Wasserverlust, 97–98, 99, *100*; Sukkulenten, *98–99*, 112, 141; Tiefwurzler, 92, 96, 99, 103; Vegetationszonen im Gebirge, 96–99; als Wasserspeicher, *98*, 99, *140*, 141. *Siehe auch* Anpassungen; Bäume; Blütenpflanzen; Gräser; Kakteen
Plattentektonik, 50, 52. *Siehe auch* Tektonische Bewegungen
Playas, 56, *64*, 67; aquatisches Leben, 106
Plinius der Ältere, 107
Polargebiete: Konvektionszellen, 52, 56, *Diagramm 82*; Wüsten, 56–57
Pond, Alonzo, 62, 64
Port Jackson (heute Sydney), 34
Pottasche, Gewinnung, *152–153*
Primel, 91
Protoceratops andrewsi, 42
Psathyrotes, 100

Q

Qanat, iranischer, *164*
Qatar, Halbinsel, 33

R

Radaraufnahmen: der Ostsahara, *51*; der Selima-Sandfläche, 49, 52
Raubtiere, 113, 114
Raumfähre, 67. *Siehe auch* Columbia
Regen, 56, 62, 71, 133, 142, 143, 145; Ableitung in Bewässerungssysteme, *138–139*; absorbiert von wasserführenden Schichten, 58; auf Luvseite der Gebirge, 53, *Diagramm 84–85*; Mangel an, 20, 52–53, 56, 80; Monsunregen, 86; als Oberflächenwasser ablaufender, 20, 65, 67, *68–69*, 93, 133; starke Regenfälle (Ruckregen) in der Wüste, 20, 65, 67, *68–69*, 133, 143, 147
Regenschatten, Wüsten im, 53, *Karte 80–81*, *Diagramm 84–85*, 86; zukünftige Entwicklung, 88
Regs (Steinpflaster), 71, *73*
Rennkuckuck, 113–114, *115*
Rennmaus, 106
Respirationsrate, von Wurzeln der Wüstenpflanzen, 100
Rift-Zone. *Siehe* Ostafrikanischer Graben
Rocky Mountains, 20, 84
Rogers Lake, 67
Rotes Meer, 25, 32, 50
Rub al-Khali (Leeres Viertel, Große Arabische Sandwüste), 32–33, *36–37*, 71
Rückenschalkrebs, 106
Ruckregen. *Siehe* Regen
Ruheperioden während Trockenheit, 92, 106, 109, 111, 115, *118–119*, 141; von Eiern, 106, 127
Rul (Dünengeist), 78

S

Saguaro-Kaktus, *60–61*, 98
Sahara, 6, 19, 21, 29–32, 49, 58, 59, 62, 76, *Karte 80–81*, 147; Ariditätsindex der Ost-, 20; Beschreibungen der, 29–30; Ergs, 71; Expeditionen in die, 19, 21, 29, *Karte 30*, 31–32; Fauna und Flora der, 32, *112–113*; Karawanen, *20*, *31*; Oasen, 29–30; Ost-, Radaraufnahmen, *51*; Reiserouten, 21, *Karte 30*; Sandstürme, 19–20, 70; Staubfälle in Mitteleuropa, 71; Steinpflaster, 71; Temperaturen, 62; Untergrundgestein, 29–30, 57–58; Ursachen der Aridität, 50, 80–81; Yardangs, *70–71*; zunehmende Ausdehnung der, 133–134, 154
Sahelzone: Dürre und Desertifikation, *132*, 134–135, *136–137*; Hungersnot und Tod, 135–136, 141; Nomaden der, 134–136, 141; Überweidung, 135, 145
Salz: Ablagerungen des Assalsees, *25–27*; Auslaugung, 57, 58, 62; Emporsteigen durch Kapillarwirkung, 93, 96; Erosion durch, 57, 62; -Gewinnung, 25, *26–27*
Salzgradient-Solarsee, 155, *Diagramm 156*, 157
Salzkrebschen, 106
Salzmelde, 99–100, 154, *155*
Salztonebenen, 30, 35, 56, 67
Salzverträglichkeit, von Pflanzen, 58–59, 99–100, 154; Züchtung, 155
Sand, 6, 30, 32–33, 57–58, 62, 71, 73, 96; alluviale Ablagerungen, 67; Korngrößen, 71; Tierfährten im, *116–117*, *125*; Zusammenwirken mit Wind, 71, 72, *74–75*, 76, 78, *134–135*. *Siehe auch* Dünen
Sandstein: Felsen, *14–15*; -Höhle, *22*; nubischer, 58; Tafelberge, 142; Verwitterung und Erosion, 58, 70
Sandstürme, 19–20, 24, 67, 70, 72, 92, 135–136; auf dem Mars, 79
Sarcobatus, 112
Schaufelfuß-Kröte, 106, *109–111*
Schlangen, 113, 124, *125*, *130–131*
Schluff, 57, 67, 71, 73, 93, 145
Schmalfuß-Beutelmaus, 114
Schnee, 56, 62, 142
Schwarzkäfer, 113. *Siehe auch* Kopfstandkäfer
Schweden, 71
Scotese, Christopher, 80
Scott, Robert, 56–57
Sechura-Wüste, *Karte 80–81*, 91, 114; Nahrungskette in

der, 114–115; Ursachen der Aridität, 80–81
Seen und Teiche, 65, 66; aquatisches Leben, 106, *126–127*; Playas, 56, *64*, 67, 106; Verdunstung, 93, 96
Seidenstraße, 23, 24
Seifs (Längsdünen), *75*
Seitenwinder-Klapperschlange, 113, 124
Selima, Sandfläche von, 49–50, 52, 79
Semiaridität, 20
Senegal, Dürre und Desertifikation, *132*
Shabarakh Usu, *42–43*
Sicheldünen. *Siehe* Barchane
Sidr, 32
Sierra Madre, 84
Sierra Nevada, 53, 84
Simpson-Wüste, 35, *Karte* 38, 39, *Karte* 80–81, 108; Längsdünen, *75*; Ursachen der Aridität, 80–81
Sinai: singende Dünen, 78; Steinpflaster, 71
Singende Dünen, 33, 76, 78
Skink, *112–113*
Solarheizung, 144
Solifluktion, 56
Somali-Chalbi-Wüste, *Karte* 80–81
Sonnenblume, Wüsten-, 91
Sonnenstrahlung, 52; Albedo, 145; Anpassung der Pflanzen an, 97, 99, 100–101; Anpassung der Tiere an, *107*, 115, 118, 121, *122–123, 128–129*; Faktor im Ariditätsindex, 20; in der Wüste, 29, 35, 39, 62, 101, 103
Sonora-Wüste, *16–17, 60–61, Karte* 80–81, 97; Pflanzenleben und Regen in der, *94–95*, 97; Ursache der Aridität, 80–81
Sphinx, 62
Spinifexgras, 35
Springratte, 113, 115
Stacheln, von Wüstenpflanzen, 99, 101
Staub, 6, 62, 145, 147; als Dunst, 71; als Sturm, *148–149*
Stein, Sir Aurel, 24, 29
Steinige Wüste, Sturts, *Karte* 38, 39, *Karte* 80–81
Steinpflaster, 71, *Diagramm* 73, 96
Sträucher der Wüste, 32, *94–95*, 97, 99–100; salzverträgliche, 58–59, 99–100
Stuart, John McDouall, 35
Sturt, Charles, 38–39
Sturts Steinige Wüste, *Karte* 38, 39, *Karte* 80–81
Sturzregen. *Siehe* Überflutungen
Subduktion, *Diagramm* 84–85
Subtropen, Wüsten als Merkmal der, 52, 56, *Karte* 80–81, 82, 86, 88
Südafrika: Kontinentalverschiebung, 50; Wüstentiere, *120–131*. *Siehe auch* Kalahari-Wüste; Namib-Wüste
Südamerika, 107; Arroyos, 65; Kontinentalverschiebung, 50; Wüsten, 21, 52, 53, *Karte* 80–81, 88; Wüsten der Vergangenheit, *Karten* 82–87; zukünftige Wüsten und plattentektonische Bewegungen, *Karte* 88–89. *Siehe auch* Atacama-Wüste; Patagonische Wüste; Sechura-Wüste
Sudan: Dürre und Hungersnot der 70er Jahre, 136; Western Desert, 49, 50
Südatlantik, 50
Süddakota, Kratzdisteln in, 154
Südliche Hemisphäre, 56; Abkühlung in der Eiszeit, 67; Wüsten der 21, 52; zukünftige Abnahme der Wüsten, *Karte* 88–89
Südlicher Schaufelfuß, 106, *109–111*
Südpolregion, 56
Südwestafrika. *Siehe* Namib-Wüste
Sukkulenten, *98–99*, 112, 141
Susiana, Ebene von, Iran, 136
Sydney, 34, *Karte* 38
Syrische Wüste, 59

T
Tafoni, 57
Takla-Makan, Wüste, 23, 29, 56, 57, 64–65, 71–72, 76, *Karte* 80–81; Lop-nor, *66*; Ursachen der Aridität, 53, 80–81
Tal des Todes, 62; „wandernder Stein", *65*
Tarim (Fluß), 23, 64–65
Taschenspringer, 113, 115
Tau, 62, 71
Taylor-Weidegesetz, 147
Tektonische Bewegungen, 50, 52, 53, 84, 86; Projektion in die Zukunft, *Karte* 88–89
Temperaturabfall in Höhenwüsten, 10–11, 60–61, 93
Temperaturen in der Wüste, 26, 29, 38, 62, *107*; höchste gemessene, 62; Schwankungen, 29, 58, 62, 64–65, 101, 103, 115
Texas, 154; Grundwasserverluste, 153; Solarsee in, 157
Thar, Wüste, *18, Karte* 80–81, 115, 146
Thesiger, Wilfred, 33, 37; Expedition von, *36–37*
Thomas, Bertram, 32–33
Tibesti-Gebirge, *10–11*, 70
Tiefland von Turan, *Karte* 80–81
Tiere der Wüste, 21, 32, 90–91, 92, 106–119, *120–131*; Allesfresser, 114–115; Fleischfresser, 114, 115; Fortbewegung, 113–114, *124–125*; Fortpflanzung, 106, *109–111*, 127; grabende, *107, 109, 112–113*, 115, 116–117, *118*; Hitzereaktionen, *107*, 115, 118, 121, *122–123, 128–129*; Pflanzenfresser, 112, 114, 133; Raubtiere, 113, 114; Wassereinsparung, Methoden der, 106, 108, 113, *118, 120–121*. *Siehe auch* Anpassungen; Echsen; Insekten; Vögel
Timbuktu, 19, 21, 30, *31*
Ton, 28, 57, 71, 93
Torrens, Lake, 39
Trampeltier, 29, 108. *Siehe auch* Kamel
Transantarctic Mountains, 57
Treibsand, 33
Trench, Richard, 19–20, 21, 76
Triticale, 155
Trockenfeldbau, 143, *165*
Trockengebiete: Gegenwart, *Karte* 80–81; Vergangenheit, *Karten* 82–87; Zukunft, *Karte* 88–89. *Siehe auch* Wüsten
Trockenheit. *Siehe* Aridität
Trockenruhe. *Siehe* Ruheperioden während Trockenheit
Trockentäler, Antarktis, *12–13*, 56–57, *Karte* 80–81
Tropen, 52, 82
Tropfbewässerung, 158, *162–163*
Tsagan-nor, Becken des, *44–45*
Tschad, Tibesti-Gebirge, *10–11*, 70
Tucson, Arizona, 60
Tula'i, Iran, 136
Turan, Tiefland von, *Karte* 80–81
Turkestan, 56

U
Überflutungen, 20, 65, 67, *68–69*, 133, 143, 147
Überlebenstechniken, 98–99, 137, *140–141*
Überweidung, 133, 135, 145, 147, 150–151
UdSSR, *Karte* 86–87; Triticale-Anbau, 155; Wüsten der, 53, 56
U.S. Army, 112; Pioniere, 157
U.S. Geological Survey, 49, 80
University of Arizona, 155
University of California, 151
University of Chicago, 80
Utah, 53; Colorado-Plateau, *58*, 64, 65; Lake Bonneville, 67; Pottasche-Gewinnung, *152–153*

V
Vale-Distrikt, Oregon, 150–151
Vegetation. *Siehe* Pflanzen der Wüste
Verdunstung, 20, *Diagramm* 84–85, 93, 99, 108, 158, 163
Vereinigte Staaten: Arroyos, 65; Dürre in den 30er Jahren, 145; Regenschatten der westlichen Randgebirge, 53; Salzgradient-Solarsee, 157; Temperatur, höchste gemessene, 62; Triticale-Anbau, 155; Überweidung und Desertifikation, 147, 150–151. *Siehe auch* Amerikanischer Südwesten; Amerikanischer Westen
Versalzung, von Böden, 93, 96, 153, 158
Verwerfung, in Aquiferen, *Diagramm* 63
Verwitterung, 62, 64–65, 93
Victoria-Land, 57
Victoria-Wüste, Große, *Karte* 80–81
Viking, Marssonde, Photos, 78, 79
Vizcaino-Wüste, Barchane, *74*
Vögel, 32, 106, 115; Flughuhn, *121*; Nutalls-Nachtschwalbe, *118–119*; Rennkuckuck, 113–114, *115*
Vollaridität, 20

Vorherrschende Winde, 53, 135, 136; und Auftriebsströmungen, 53, 82, *Diagramm* 83; und Regenschatten, 53, *Diagramm* 84–85
Vulkanismus, 50, 53

W
Wadis, 65, *138*, 139
Walldünen, 76
Wanderheuschrecke, Wüsten-, *146*
„Wandernde Steine", *65*
Waran, *107*
Warburton, Peter, 35
Washington, Bundesstaat, Grundwasserverlust, 153
Wasser: Bodendurchlässigkeit für, 93, 96; Einsparung bei Wüstenpflanzen, 97, 98, 99, *101*; Einsparung bei Wüstentieren, 106, 108, 113, *118, 120–121*; Entsalzung, 156; Erosion durch, 62, 64–65, 67, *68–69*, 93, 133, 147; Mangel an, als Kriterium für Wüsten, 6, 20, 56, 59; Mangel an, Ursachen, 52–53, 56, *Karte* 80–81, *Diagramme/Karten* 82–87; Speicherkapazität des Bodens, 145; Speicherung bei Wüstenpflanzen, *98–99, 140*, 141; -Versorgung in der Wüste, 58, 59, 98–99, *140*, 141. *Siehe auch* Aquifere; Niederschläge; Oasen; Regen; Schnee; Tau
Wasserspiegel des Grundwassers, 153, 164
Wasserüberflutete Wüsten, 56, 153, 158
Wayne, Henry C., 112
Wegerich, Wüsten-, 93
Weideland, in den Vereinigten Staaten, 147, 150–151
Weidetiere, 133, 134–135
Weizenquecke, 151
Welwitschie, *102–103*
Wendekreis des Krebses, 21, 50, 52
Wendekreis des Steinbocks, 21, 52
Western Desert (Ägypten), 49, 72, *79*; Seifs, *75*; Ursprünge der Aridität, 50
Westküsten, Wüsten entlang den kontinentalen, 53, 80, 82, *Diagramm* 83, 86, 88
Westliche Wüste (Ägypten). *Siehe* Western Desert
White Mountains, Grannenkiefern in den, 103, *104–105*
Wildkamel, 108
Wills, William John, 35
Wind, Zusammenwirken mit Sand, 71, 72, *74–75*, 76, 78, *134–135*. *Siehe auch* Vorherrschende Winde; Winderosion, 57, 64, 65, 70–72, 133, Deflation, *70–71*, *Diagramm* 73; Oberflächenformen, gestaltet durch, *6–7, 10–11, 14–15, 58–59*
Winterschlaf, 118–119. *Siehe auch* Ruheperioden während Trockenheit
Wolkenbrüche, in der Wüste, 20, 65, 133, 143, 147; entstehendes Oberflächenwasser, 65, 67, *68–69*
Wright Valley, *12–13*
Wurzelsysteme, 99, 100, 101; Flachwurzler, 98; Tiefwurzler, 92, 96, 99, 103
Wüsten: Definition, 6, 20; Flächenanteil, 6; geologische Geschichte, *Karten* 82–87; globale Verteilung, 21, 50, 52, *Karte* 80–81; Ursachen der Aridität, 52–53; zukünftige, 80, *Karte* 88–89. *Siehe auch* Kältewüsten; Küstenwüsten
Wüstengecko, *124*
Wüstenlack, 71
Wüstensonnenblume, 91
Wüstenspringmaus, *107*, 113, 115
Wüstentrompetenbaum, 100
Wüsten-Wanderheuschrecke, *146*
Wüsten-Wegerich, 93

Y
Yardangs, *70–71*; auf dem Mars, 79
Younghusband, Francis E., 24, 28–29
Yucca, *Einband*
Yuma Valley, Bewässerungsfeldbau, *168–169*

Z
Zentralasien: Expeditionen nach, 23–34, *Karte* 28, 29; Ursachen der Aridität, 53, 80–81; Wüsten, 21. *Siehe auch* Gobi; Takla-Makan
Zolnier, Edwin, 98–99
Zwergpuffotter, Peringuey-, 113, *125, 130–131*
Zylinderopuntie, 98

Reprosatz: Utesch Satztechnik GmbH, Hamburg
Druck und Einband: Jarrols and Sons, England